本书获得国家自然科学基金项目（No：51779135）的支持

基于SBD技术的
船型设计与优化

张宝吉　张盛龙◎编著

SIMULATION BASED
DESIGN

上海交通大学出版社
SHANGHAI JIAO TONG UNIVERSITY PRESS

内容提要

本书系统地阐述了 SBD 技术的基本内涵,基于 SBD 船型设计优化的关键技术,如数值评估技术、船体几何重构技术、最优化方法、近似技术和综合集成等,研究了最小兴波阻力船型、最小总阻力船型和最小波浪阻力船型的设计和优化问题,提出了涵盖船型设计与优化内涵、约束、方法和评价的技术体系。本书既有全面的理论介绍,又有丰富的实例分析,突出了应用性、实用性和创新性,形式上通俗易懂。

本书可供船舶类专业学生、船舶设计人员等参考。

图书在版编目(CIP)数据

基于 SBD 技术的船型设计与优化/ 张宝吉,张盛龙编著. —上海:上海交通大学出版社,2023.5
ISBN 978 - 7 - 313 - 25986 - 8

Ⅰ. ①基…　Ⅱ. ①张… ②张…　Ⅲ. ①船型设计—最优设计—研究　Ⅳ. ①U662.2

中国国家版本馆 CIP 数据核字(2023)第 047677 号

基于 SBD 技术的船型设计与优化

JIYU SBD JISHU DE CHUANXING SHEJI YU YOUHUA

编　　著:张宝吉　张盛龙
出版发行:上海交通大学出版社　　　　　　地　　址:上海市番禺路 951 号
邮政编码:200030　　　　　　　　　　　　电　　话:021 - 64071208
印　　制:常熟市文化印刷有限公司　　　　经　　销:全国新华书店
开　　本:710 mm×1000 mm　1/16　　　　印　　张:14
字　　数:238 千字
版　　次:2023 年 5 月第 1 版　　　　　　印　　次:2023 年 5 月第 1 次印刷
书　　号:ISBN 978 - 7 - 313 - 25986 - 8
定　　价:48.00 元

前　言

在节能减排的背景下,船舶的设计理念和设计思想都发生了巨大变化,寻求综合航行性能(快速性、耐波性和操纵性等)最优的船型设计逐渐取代了以静水阻力最小为目标的船型优化。在"绿色船舶"设计和建造的理念下,建设资源节约型和环境友好型船舶工业迫在眉睫,国际上已经生效的规范和规则都要求未来的船型设计更安全、更环保、更经济、更舒适。节能、减排成为未来船型设计的主题。减小燃油消耗、降低碳排放量的关键是在满足设计条件下,降低船舶的实际航行阻力,即设计节能、"绿色"船型。SBD 技术正是以船舶的航行性能为优化设计目标,将计算流体力学(CFD)的数值评估技术、最优化理论和船体几何重构技术进行有效集成,在给定约束条件下,获得航行性能最优船型,即阻力最小、耗能最低的"绿色"船型,极大地促进了船型设计从传统的经验设计模式向智能化、知识化模式迈进。

本书在国家自然科学基金委的支持下,系统地阐述了基于 SBD 技术船型设计和优化的关键技术,即数值评估技术、船体几何重构技术、最优化方法、近似技术和综合集成等,提出了涵盖船型设计与优化的基本内涵、约束条件、和评价方法等完整的技术体系。其中数值评估技术部分详细论述了船舶兴波阻力数值计算方法:Michell 积分法和 Rnakine 源法;计算船舶静水总阻力和波浪阻力的CFD法。船体几何重构技术部分,系统地回顾了船体线型参数化表达和重构的国内外研究现状和常用的方法,重点介绍本书采用的 ASD 船体几何重构技术。最优化方法部分详细论述了传统优化方法和现代优化方法,以及两种优化方法的优缺点,重点介绍了本书所采用的改进的粒子群优化算法;此外,还介绍了拉丁超立方近似技术和优化平台:ISIGHT 和 CASES。本书将数值评估技术、船体几何重构技术和优化方法进行综合集成,构建了基于 SBD 技术的船型设计和优化平台,分别研究了基于 Michell 积分法和 Rankine 源法的最小兴波阻力船型设计优化、基于 CFD 法的最小静水总阻力和最小波浪阻力的船型设计优化以及船体在实际航行中的纵倾优化。本书既有全面的理论介绍,又有丰富的实例分析,突出了应用性、实用性和创新性,内容阐述上力争通俗易懂。本书适用于船舶与海洋工程类专业的研究生,船舶与海洋工程设计人员等。

本书的第 1 章至第 5 章由张宝吉撰写,第 6 章和第 7 章由张盛龙撰写。

目　录

概　　述

最优船型开发和船型优化设计是一门综合性很强的技术,需要将众多学科在优化平台(或通过自编程序)上集成起来,获得航行性能(如快速性、耐波性和可操纵性)最优的船型,也是船舶总体设计和创新设计的前提和基础。传统的船型设计和开发是一个顺序过程,从船舶所有人的需求开始,到船舶运营时终止,如图 1-1 所示。

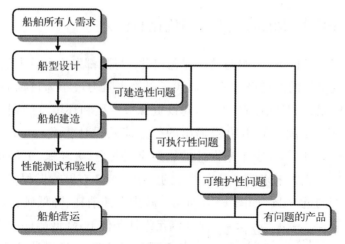

图 1-1　船舶产品顺序设计过程

由于在船舶设计阶段的早期不能全面考虑设计以后的可制造性和可维护性等因素,使得设计者需要反复修改设计方案,造成开发周期延长、交船难和成本提高等一系列问题,难以适应激烈的市场竞争对最优船型的迫切需求。为了解决上述问题,需要开发一种全新的船型设计工具,即以性能驱动设计目标的船型设计和优化方法。随着计算机科学和信息技术的高速发展,使用虚拟设计来提高设计过程中的可靠性和灵活性成为可能,这种技术是基于计算机数值模拟技术和可视化技术,将目前的船舶初步设计、详细设计、生产设计、建造和运营维护全过程综合集成起来,于是一种全新的船型设计理念应运而生,即 SBD(simulation based design)①技术。该技术的主要优势是缩短船型开发时间、减少资金投入、降低开发风险、优化设计方案和提高设计效率。基于 SBD 技术的船型设计开发过程如图 1 - 2 所示。

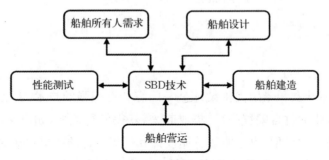

图 1 - 2 基于 SBD 技术的船舶设计开发过程

1.1 基于 SBD 技术的船型设计与优化的意义

在低碳经济条件下,船舶的设计理念和设计思想都发生了巨大的变化,寻求综合航行性能最优的船型设计逐渐取代了以静水阻力最小为目标的船型优化。在"绿色船舶"设计和建造的框架下,建设资源节约型和环境友好型的船舶工业迫在眉睫,2014 年国际海事组织提出的船舶能效设计指数(energy efficiency design index,EEDI),要求未来设计的船型应更安全、更环保、更经济、更舒适。因此,节能、减排成为未来船型开发设计的主题。船舶在航行过程中碳排放量占了全生命周期的近 95%,如图 1 - 3 所示。减少燃油消耗、降低碳排放量的关键是在满足设计条件下,降低船舶的实际航行阻力,从而减少主机功率,即设计节能、"绿色"船型。SBD 技术正是以船舶的航行性能为优化设计目标,将计算流体力学(computational fluid dynamics,CFD)数值评估技术、最优化理论和船型参数化表达和几何重构技术进行有效集成,在给定约束条件下获得航行性能最优船型,即阻力最小、耗能最低的"绿色"船型,

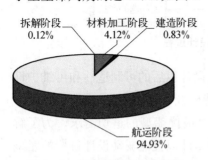

图 1 - 3 某散货船全生命周期碳排放量示意图

① 一种基于设计的仿真技术。

极大地促进了船型设计从传统的经验模式向智能化、知识化模式迈进。当前，我国已成为世界第一造船大国，但距离世界造船强国还有一定的距离，特别是"绿色船型"设计开发等方面，这种状况严重影响了我国船舶工业的战略转型。在激烈的市场竞争中能否找到一种行之有效的绿色船型设计方法，直接决定了造船企业的生存能力。因此，必须快速突破船型 SBD 设计的各项关键技术，开发具有自主知识产权的以数值模拟为特征的船型优化设计系统，跨越式提升我国船舶的自主创新能力。

1.2　船型优化的关键技术

基于水动力学理论的船型优化是一项复杂的系统工程，是 CFD 技术、CAD[①] 技术、最优化技术、计算机技术和网格技术的多学科交叉、融合的集中体现，需要将各个学科（软件）在优化平台上进行综合集成，或自编程序实现优化过程。该优化体系主要涉及五大关键技术，即数值模拟技术、船型参数化表达和船体几何重构技术、最优化技术、近似技术和综合集成技术。

1.2.1　数值模拟技术

基于水动力学理论的船型优化要求细致地描述船体周围的流场，采取更加有效的措施控制船体周围的流动。因此，船型优化离不开船舶水动力学理论的科学指导，包括水动力的计算方法和分析技术。船舶水动力学是流体力学理论在船舶设计中的具体应用和拓展，因此流体力学的最新研究成果能够促进船舶水动力学的发展。预报结果的可靠性和精度是保证优化算法在设计空间中能否按照正确方向搜索的关键，也是最优船型设计和开发首先要解决的关键科学问题之一。用于求解船舶阻力的流体力学理论大体上可分为两类，即势流理论和黏性流理论。势流理论又可分为线性势流理论和非线性势流理论。本书的船型优化主要涉及线性兴波阻力理论 Michell 积分法和非线性兴波阻力理论 Rankine 源法；黏性流理论主要是采用 CFD 预报船舶的静水阻力和波浪阻力，而在采用 CFD 分析船舶阻力时，网格形式和网格划分方法是关键，由于船舶在六自由度运动过程中，具有很大的航态变化，要求在自由面附近的网格具有很高的分辨率，因此传统的 CFD 商业软件（Fluent/CFX 等）中的结构网格、非结构网

---

①　计算机辅助设计（computer aided design）。

格和混合网格都显得无能为力。重叠网格的出现使上述问题得以解决。本书中基于 CFD 的船型优化,也正是基于 RANS 法分别建立静水阻力和波浪阻力的数值水池,研究基于静水阻力和波浪阻力的最小阻力船型优化设计问题。

1.2.2　船型参数化表达和船体几何重构技术

船型参数化表达和船体几何重构技术是连接船舶性能评估与优化方法之间的桥梁,是实现船型优化的关键环节。基于水动力学理论的船型优化,特别是基于 CFD 的船型优化,目标函数(最小总阻力)与设计变量之间往往是隐式关系,如何建立设计变量与目标函数之间的联系是实现基于 CFD 船型优化的前提和基础。在优化过程中,首先需要对船体几何形状进行参数化表达,要求以尽可能少的参数重构船体几何形状,并且建立船体形状表达参数与优化过程中设计变量之间的联系,设计变量依据优化算法进行调整,并将调整后的船型反馈给目标函数,这个中间过程就需要船体几何重构技术实现船型快速变换。因此,如何用尽可能少的设计参数实现尽可能多的船体构型设计(即不同的船体几何形状),是船体线型优化设计中的基本问题之一,也是一个技术难点。本书主要研究基于船型修改函数法和 ASD 自由曲面变形法的船型参数化表达与船体几何重构技术。

船体几何重构技术按照船型参数表达方式的不同可分为两大类:一类是船型参数法,如船舶尺度比、浮心纵向位置等,它是通过一系列的船型特征参数来表达船体几何形状的,如 Lackenby 变换方法、参数化模型方法等;另一类是几何造型技术,通过一系列控制点位置变化来实现船体几何重构,比较常用的有 Bezier Patch 方法、自由变形(free from deformation,FFD)和 ASD 等。任何一种船体几何重构方法都要求以较少的设计变量实现较广的几何变形空间,即可以生成尽可能多的不同几何形状的船型,而且还要保证生成船型的光顺性。

近年来,出现了一些能够实现船型参数化建模的软件,省去了设计人员的编程工作,大大提高了船型优化的方便性,一些常用的 CAD 软件,如 UG、Pro-E、CATIA 等,可以通过二次开发技术,编写接口程序实现船体几何重构。FRIENDSHIP 是专门为船型优化设计量身定做的参数建模软件,与 SHIPFLOW 软件相结合可以快速实现船型优化,应用较广泛。

1.2.3　最优化技术

传统的基于梯度的优化算法应用于船舶线型优化设计有明显的不足:船型

优化涉及快速性、耐波性和可操纵性等，各个性能指标（目标函数）与设计变量之间没有显示表达式（无法导出解析表达式），梯度信息只能靠数值分析法获得，计算代价很大，对于船型优化这类强非线性问题，应基于梯度的优化在远离最优点时收敛速度放慢，而且只能保证收敛到局部最优解，且优化结果对初始点的选择很敏感。现代优化算法，如遗传算法、模拟退火算法、粒子群算法和反向传播（back propagation，BP）算法等，全局搜索能力很强，能够很快地接近全局最优点，但其局部搜索能力差，找到全局最优点需要大量的计算目标函数，计算工作量大大增加。因此，需要将两种优化方法的思想进行融合，利用每种算法的优点形成高效的混合优化算法，即全局最优化算法。这类算法有遗传算法和非线性规划法（nonlinear programming，NLP）的混合、遗传算法和模拟退火算法的混合等。由于基于 CFD 的船型优化计算工作量巨大，如何采取科学的优化策略解决高精度 CFD 求解器带来的响应时间长、计算费用高等问题，是当前该领域研究的一个重点，更是开展基于 SBD 技术的船型优化设计必须解决的关键科学问题。本书分别采用非线性规划法、遗传算法等研究基于势流理论的船型优化问题；采用 BP 算法、Elman 神经网络、粒子群算法和改进的粒子群算法等研究基于 RANS 的船型优化设计；采用粒子群算法进行航行控制优化。

1.2.4　近似技术

基于水动力学理论的船型优化涉及众多学科，是一项复杂程度很高的系统科学，在优化过程中还要考虑各学科之间的耦合、设计变量和约束条件的非线性等问题，而且每一次优化都需要对目标函数进行多次的迭代计算。如果是高精度的求解器，如 CFD，就需要大量的计算时间，在规定的时间里很难完成快速优化，其实用性大打折扣。解决基于水动力学理论的船型优化过程中海量的数值计算问题是实现船型优化工程应用的前提和基础。关于这一点，目前主要有两种途径：一种是采用高性能计算机，提高计算机硬件性能，该方法需要大量的资金，个人研究中很难做到，限制了基于 CFD 的船型优化设计的发展；另一种是采用近似技术。近似技术是解决上述问题的有效途径，该方法是试验设计、数理统计和最优化技术的一种综合应用，通过对船型数据的多次分析，可实现对设计空间的模拟，从而得到目标函数的隐式表达。近似技术的本质是构造近似函数，通过序列优化、多次迭代得到优化问题的近似最优解，可以大大节省优化过程中的计算工作量，降低计算成本。目前，常用的近似技术有：响应面模型法（response surface method，RSM）、变逼真度模型（variable fidelity model，VFM）、Kriging

模型、径向基函数(radical basis function,RBF)模型等。此外,多学科优化平台 ISIGHT 也提供了众多的近似技术,研究者可以根据需要选用,非常方便。

1.2.5　综合集成技术

基于水动力学理论的船型优化是一项系统工程,涉及 CAD 技术、CFD 技术、优化方法和计算机网络技术等,如何将上述各个模块集成起来形成一个统一接口的优化平台是实现优化过程自动化的一个关键。目前的综合集成技术主要有两种:一种是所有的模块都由自己编写程序,该方法对于势流理论的船型优化比较容易实现,但对于基于 CFD 的船型优化,需要非常强的计算机语言表达能力,一般情况下,个人或单位很难实现,而且耗费的时间也较长;另一种是采用集成优化平台,主要有 ISIGHT 和 FRIENDSHIP。以 ISHIGT 为优化平台比较成熟,目前的研究者大多数采用该平台进行综合集成。例如,武汉理工大学刘祖源等基于 ISHIGHT 平台集成 Shipflow 软件,通过自编接口程序实现船舶水动力学的优化设计。FRIENDSHIP 是一款船型全参数化建模平台,该平台集成了许多优化算法,如传统优化算法和全局搜索优化算法,同时支持很多 CAD 和 CFD 软件的输入和输出,通过对设计变量和目标函数的设置实现船型的自动优化。

本书通过 FORTRAN 语言自编算法程序或接口程序,分别研究基于 Michell 积分法和 Rankine 源法的最小总阻力船舶线型优化设计,并通过模型试验验证理论优化结果的可靠性,构建基于势流理论的最小静水阻力优化平台;在 ISIGHT 优化平台上,集成 CFD 阻力计算模块、CAD 几何重构模块,并编写各个模块之间的程序接口,研究基于 RANS 法的船型静水阻力及波浪阻力的船型优化,以及实际航行过程中最佳纵倾的航行控制优化,构建基于 RANS 法的船型 SBD 设计及实船航行控制优化框架。

1.3　船型设计与优化的国内外研究进展

1.3.1　基于势流理论的船型优化

在满足装载条件下,船体最佳外形(线型)的确定是船舶设计过程中既复杂又关键的设计技术之一,因为它直接影响船舶的快速性(阻力和推进)、可操纵性和耐波性等重要性能。阻力最小的船体外形确定又是船型设计者追求的首要目标。以往的船舶线型设计,主要通过参考成功的母型船,依据设计者的经验和进行船模试验的综合方法来完成,这要花费大量的时间和费用,而且具有很大的局限性;而真正的船型优化是以目标驱动设计,满足四大因素,即目标函数(如阻力最小)、设计变量(联系船型和目标函数的桥梁)、约束条件(优化范围和不变区域)、优化方法(传统优化方法、现代优化方法和混合优化方法),最后获得一个性能最优的船型几何形状。船型设计模式比较如图 1-4 所示。随着流体力学理论的不断完善和计算机技术的飞速发展,基于流体力学理论的船体线型最优化设计逐步成为可能,欧美、日本、韩国等造船技术先进的国家或地区已将其研究成果用于实际的船型设计中,而目前我国一些船舶设计部门仍主要采用传统的经验设计法来进行船体线型设计。这种状况对于船舶工业的快速发展非常不利。因此,为了提高我国造船业在国际市场的竞争力,提高我国造船企业的船型开发能力,迫切需要研究快速生成阻力性能优良的船体线型最优化设计方法,开发具有自主知识产权的船体线型最优化设计软件。

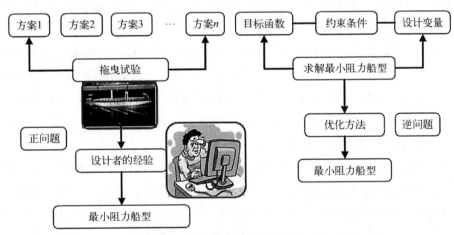

图 1-4　船型设计模式比较

基于线性兴波阻力理论进行船型改良和优化设计研究,国内外很多研究成果陆续发表。美籍华人卞保琦在 1967 年提出的"应用兴波阻力理论设计船身线型"的理论引起了世界轰动。日本学者马场荣一、堤孝行、松井政博等提出了采用波形分析法改进船型,他们采用的方法是以"薄船理论"与波形分析数据相互补充的形式进行船型设计。马场荣一和松井政博采用的方法只需要一条船模的数据资料,而堤孝行采用的方法因以最优化为对象,需要多条船的系列模型试验数据,且只适用于船体后半部改良。加拿大的 Hsiung 首先提出了以 tent 函数表达船体曲面的方法,利用 Michell 积分法进行兴波阻力数值计算,把船型的兴波阻力表达为其型值的函数,构成二次规划问题进行船型优化。

在国内,叶恒奎首先探讨了基于线性兴波理论的最小兴波阻力船型优化问题,采用了 Michell 积分法计算兴波阻力,引用 Hsiung 的 tent 函数表达船体曲面,利用混合惩罚函数法把约束优化问题转化为无约束优化问题来求解。该方法简单、易行,便于程序实现,对目标函数和约束条件要求不高,适用范围较广。夏伦喜等提出了等价薄船的概念,并以此为基础进行船型改进。黄德波等把单位帐篷函数表示的船体半宽函数代入 Michell 积分公式来计算兴波阻力系数,对某高速船型进行过有成效的优化设计研究。潘中庆等应用 Mathieu 函数,基于线性兴波阻力理论,采用直壁假设,将波阻描述为面积曲线的积分,引入无限水深边界,在给定船速和棱形系数条件下来改进船型和降低波阻。张轩刚等在船型表达上克服帐篷函数在表征船体曲面网格的稀疏中存在较大近似性的缺点,应用双二次样条函数在计算高速双体船的兴波阻力和改进船型方面进行了卓有成效的研究。石钟堃等采用线性兴波阻力理论与波形分析相结合的方法对理论波幅函数进行了修正,并采用非线性规划法对高速船型进行优化设计。马坤、田中一朗在基于兴波阻力理论的最小阻力船型优化研究方面做了很多探讨,研究了最小兴波阻力船型和最小总阻力船型的设计方法,并把控制艉部黏性分离作为约束条件,以船体总阻力最小作为目标函数,这样,不仅简化了计算模型,提高了运算速度,而且还考虑了艉部黏性影响。此外,纪卓尚等在基于线性兴波阻力船型优化方面也做了大量研究。

以上这些研究主要基于线性兴波阻力理论中的 Michell 积分法和波形分析法,采用非线性规划法对船体前半部形状进行优化研究。然而,由于线性阻力理论对物面条件和自由面条件做了简化假定,其计算结果与试验值相比在数值上相差较大,特别是线性兴波阻力理论过分地夸大了波阻的"峰""谷"值。然而,采用线性兴波阻力理论定性地判断船体型线(特别是中、高速船)的优劣以及在改进船型方面还是具有一定的理论价值和实际意义的。

进入 20 世纪 90 年代以后,人们开始运用兴波阻力理论 Rankine 源法并结合最优化技术进行船型优化设计,取得了较好的降阻效果。其中,最具代表性的要数日本学者铃木和夫的船型优化方法,他的工作主要经过了基于 Rankine 源法兴波阻力数值计算和基于 Rankine 源法最小兴波阻力船型优化设计两个阶段,并进行拖曳试验验证了该方法的有效性。在他的方法中,兴波阻力理论是基于 Rankine 源法的,船型修改函数是采用双重三角级数的,优化技术是采用序列二次规划法。铃木和夫还采用该方法对 HTC 型集装箱船进行了优化设计,在设计 $Fr=0.305$ 的情况下,经过 3～5 次迭代,得到的最优船型兴波阻力降低了16%左右。从他的研究工作中可以看到基于 Rankine 源法的船型优化既有理论价值,又有实际意义。近年来,我国的部分研究院所在基于兴波理论 Rankine 源法相关的船舶水动力学性能预报和船型优化方面也取得了不少进展。程明道,刘晓东应用线性兴波数值方法在艉封板的优化方面取得了较好的应用效果。陈京普将改进的 Dawson 法用于三体船片体布局优化,还将所开发的线性兴波阻力数值计算方法应用到集装箱船的线型优化上。

采用 Rankine 源法进行船型优化带来的最大问题是计算时间过长,因为Rankine 源法不能直接把船型和兴波阻力"显式"地表达出来,在优化迭代过程中,必须反复地在船型给定后进行正问题的计算,计算工作量成倍增加。于是,安川宏纪利用改型后的船型和母型船相差不大的特点,把兴波阻力计算中的物面条件在母型船上进行近似满足,这样,在优化过程中,不论船型如何改变,网格只需要构造一次,节省了大量的计算时间。荷兰 MARIN 的 Raven 采用升高面元、迭代求解方法,在 20 世纪 90 年代初成功地开发出船舶兴波阻力数值计算和RAPID 优化软件,该软件解决了非线性兴波阻力计算问题。应用 RAPID 软件最优船型的主要目的是减小波浪的形成和兴波阻力,该软件已经成为 MARIN 常用的设计工具。当前,虽然非线性兴波阻力理论得到了一定的发展,但基于势流理论的船型优化方面,还是以兴波阻力理论 Rankine 源法为基础比较现实。

以上的船型优化研究大多数是基于非线性规划法进行的,总的来说,在这类船型优化过程中往往会得到缺乏实用意义的、形状比较怪异的船型,但更容易从机理上深入理解船体型线变化对阻力性能的影响,这对明确优化方向、指导船型设计修改具有重要意义。要想得到实用船型,可根据设计者的经验在优化过程中附加相应的限制条件,使优化船的型线更接近实用船型,并重新进行优化计算。

本书在势流理论部分研究了快速生成阻力性能优良的船体线型最优化设计方法,开发出具有自主知识产权的船体线型最优化设计软件。优化设计对象不仅局限于前半体,而且把包括后半体在内的船体水线下整体线型作为优化设计对象。为此,把兴波阻力理论、黏性理论、最优化技术和 CAD 技术有机地结合起来,研究全船线型最优化设计方法并开发船体线型最优化设计程序。在优化计算中把降低兴波阻力作为主要目标,控制艉部黏性分离作为约束条件,利用母型船值和船型修改函数来表达所设计的船的船体型值。兴波阻力计算采用计算精度较好的 Rankine 源法。

1.3.2 基于黏性流理论的船型优化

随着计算机技术和 CFD 理论的高速发展，为快速、高效开发性能优异的船型提供了可能。在船舶快速性性能计算领域，CFD 技术已成为船舶型线设计及优化的新手段，在国外得到了广泛的应用。它与以前先制作船模、再进行水池试验相比，船型开发的时间和费用可以大幅度降低，还有利于更好地提高所开发船型的性能，大大减少了对船模试验水池的依赖性。在船舶水动力性能方面，应用 CFD 方法的效果主要取决于 CFD 程序的数学模型水平。应当指出，CFD 方法并不能完全替代模型试验，但它可以缩小做模型试验的范围并为型线优化提供有益信息。但由于采用 CFD 技术来评价一个船型的阻力需要若干个小时，如果和最优化技术结合起来探求最小阻力船型难以达到实用程度。因此，最开始 CFD 应用于船型优化时主要是对事先生成的若干个船型方案进行评价分析，从中选择性能较好的船型方案。

基于 RANS 法的船型 SBD 设计和航行优化是随着 CFD 理论的不断完善、CAD 技术和最优化理论的飞速发展，以及计算机运算速度和存储量的大幅度提高而出现的一种新的研究方向。它突破了传统利用 CFD 技术的方案优选，真正实现了以性能驱动设计为目标，推动船型设计从传统的经验模式向基于数值模拟技术的知识化、智能化迈进，其基本优化框架如图 1-5 所示。该技术经过 20 多年的发展，其重要性和优越性引起了各国的高度重视，纷纷投入大量的人力、物力、财力进行研究，一系列成果陆续发表。

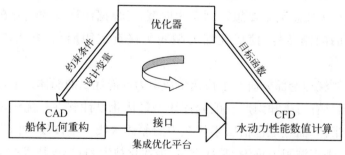

图 1-5 基于 CFD 技术的船舶水动力性能综合优化流程图

在国外，意大利 INSEAN 水池的 Campana 最先将最优化理论和 CFD 技术相结合，研究基于 SBD 技术的船舶水动力性能优化。近年来，Campana、Peri 及其所在的课题组在基于 SBD 技术的船舶水动力性能(阻力性能和耐波性能)优化设计方面开展了大量的研究工作,在船体几何重构技术、近似技术、优化策略、综合集成技术等方面进行了较为系统的研究,开发了基于 Bezier Patch 曲面的扰动面法,实现了船体几何重构,应用变逼真度模型的近似技术对多目标优化问题进行了求解,建立了基于 SBD 技术的船型优化设计框架,并对优化结果进行了模型试验验证,获得了水动力性能优良的最优船型,证实了 SBD 技术的优越性。日本东京大学的 Tahara 采用船舶设计软件 NAPA 进行船型参数化表达,采用 CFD 软件 FlowPack 完成了船舶推进性能和操纵性能计算,在自行开发的集成优化平台上,完成了集装箱船的球鼻艏优化,并进行了试验验证。德国柏林理工大学的 Harries 开发一套全参数商业 CAD 软件 Friendship 对船体进行参数化建模,在 ModeFrontier 优化平台上进行综合集成,完成了船舶水动力性能的多学科、多目标优化设计工作,在设计过程中采用了试验技术和近似技术。此外,Ho-Hwan Chun 以自编的 RANS 法程序作为求解器,利用参数化模型法实现了船体几何重构,分别采用序列二次规划法(sequential quadratic programming,SQP)和粒子群算法(particle swarm optimization,PSO)进行优化计算。Gregory 将 CAD 软件 Friendship - Modeler 和 CFD 软件 ShipFlow 进行集成,采用遗传算法(Genetic Algorithm,GA)研究船型优化问题。Zalek 对国外船型优化设计研究进展进行了详细的总结,以快速性指标和耐波性指标为目标函数,开展了舰船多目标优化设计。Peri、Campana、Tahara 等采用两种多目标全局优化算法[多目标遗传算法(multi-objective genetic algorithm,MOGA)和 PSO 算法]对高速双体船分别进行了给定航速下的单目标(阻力)优化设计和单目标多点(对应 3 个航速加权)优化设计,以及多目标(阻力和耐波性)优化设计,船体几何重构分别采用 FFD 法和 CAD 法,数值计算采用 CFDSHIP 软件,并通过模型试验证实了优化效果。Kim 利用 ShipFlow 软件计算了单尾鳍和双尾鳍 LNG 船水动力性能,利用 Frendship 软件进行几何重构,通过优化集成平台进行了优化计算,并通过模型试验进行了验证。Soonhung 提出光顺 B 样条参数曲线实现了船体几何参数化表达,并通过转换函数实现了 LPG 船的船体几何重构。Jim 建立了船舶阻力、耐波性和操纵性的多学科优化设计模型,以阻力性能作为主要目标函数,耐波性和操纵性是在优化过程中作为约束条件和目标函数联系起来的。Vasudev 建立了多目标船型优化设计框架,将 CAD 软件和 CFD 软件进行综合集成,以模型几何参数为设计变量,以 CFD 软件 ShipFlow 计算的黏性阻力为目标函数,以非支配排序遗传算法 Non-dominated Sorting Genetic

Algorithm（NSGA-Ⅱ）为优化方法，对某智能水下机器人进行了性能优化设计。

在基于 CFD 的波浪阻力船型优化方面目前还未见研究成果正式发表，但在数值模拟方面，国外有很多研究成果问世，可为以后实现船型优化奠定基础，比较有代表性的有：Orihara 和 Miyata 等通过有限体积法求解 RANS 方程，采用重叠网格技术模拟计算了一条集装箱船在规则波中的波浪阻力及运动响应问题；Carrica 和 Wilson 等采用重叠网格技术计算了 DTMB5512 船型在中高航速下的大幅度运动响应问题；Tezdogan 和 Demirel 等利用非稳态 RANS 法评价了某集装箱船在低速随浪航行时的波浪阻力及运动问题。从以上的文献可以看出，国外在船体几何重构技术、高精度 CFD 数值模拟技术、优化策略、近似技术和综合集成技术等 SBD 船型优化设计的关键技术上取得了突破，一系列的商业软件陆续问世，研究成果已应用到实际的船型设计中。然而，上述的船型优化目标函数基本都是静水中的阻力，并没有考虑船舶实际航行中的波浪阻力和船舶运动对阻力的影响。

在国内，从 20 世纪 90 年代末开始，基于 RANS 法的船型 SBD 设计和优化获得了快速发展，主要是针对给定船型进行静水阻力性能预报和方案优选。陈晓娜应用 ShipFlow 软件，通过系列变化船体吃水、主体形状、片体间距、支柱长度等船型要素，对某小水线面双体船进行了选型优化。徐力利用 CAD-CFD 集成平台 Friendship-Framework 进行自动变形，再通过 CFD 软件 ShipFlow 进行选型优化。

近年来，随着最优化理论在船舶领域的应用以及船体参数化表达技术的发展，人们开始将 CFD 数值模拟软件、船体几何重构技术在商业优化平台上进行综合集成，开展最小阻力船型优化设计研究。梁军利用 OPTIMUS 5.2 优化平台将 GAMBIT 软件和 Fluent 软件集成起来，并应用试验设计方法减小计算次数，建立基于响应面模型的船型优化策略，对某潜艇的艏部线型进行自动优化，并通过模型试验验证了优化方法的有效性和可行性。刘祖源、冯佰威、苏振东等研究了基于 CFD 的船体线型多学科优化设计，利用商业优化平台 iSIGHT 将船体几何重构技术和 CFD 软件 ShipFlow 进行集成，并将近似技术应用于船型优化之中，提高了优化效率，其研究成果具有一定的工程实用价值。钱建魁等利用 iSIGHT 优化平台集成 CFD 软件、船型变换及自动生成技术和响应面模型，采用混合优化算法，开展了以最小阻力为优化目标的船型优化设计。Mahmood 研究了基于 CFD 的球鼻艏优化设计，以 Fluent 软件计算的总阻力为目标函数，利用 GAMBIT 软件实现了不同球鼻艏形状的自动变换和网格划分,以 Matlab 工具箱中的遗传算法为优化集成平台,获得了有效的基于 CFD 技术的船型优化工具。李胜忠等构建了基于 SBD 技术的船舶水动力构型优化设计框架,重点研究了 Bezier Patch 局部几何重构方法和 FFD 整体几何重构方法、PSO 优化算法,解决了复杂网格自动生成问题。

在综合航行性能优化方面,人们开始根据系列船模试验结果的回归公式建立船舶航行性能和船型参数之间的关系,在船舶方案设计阶段开展船型优化设计。王彬等提出一种以兴波阻力和波浪增阻为最小的多目标船型优化系统,以 CFD 软件计算的兴波阻力和基于势流理论求解的波浪增阻之和为目标,在 FrendShip 软件中建立全参数化模型,通过自编程序接口将上述模块进行集成,通过一艘油船的算例验证了该方法用于波浪阻力船型优化的可行性。张文旭研究了基于能效指数(energy efficiency design index, EEDI)的集装箱船波浪中船型多学科优化。以波浪中的航行性能(波浪阻力、EEDI 能效指数)为目标函数、以船舶耐波性横准为约束条件,建立全参数化模型,利用 ISIGHT 多学科优化平台进行综合集成,可以在不同的优化策略下完成波浪中的船型综合优化。邹勇研究了基于 EEDI 能效指数的高性能船舶优化设计方法。以影响船舶能效指数 EEDI 的两个重要因素航速和载重能力为目标,利用 Matlab 工具箱中多目标遗传算法进行优化,结果表明,在高性能船舶设计初期的船型论证阶段能有效提高船舶的能效水平。李胜忠基于 SBD 技术,结合全局优化算法、船体几何重构技术和高精度 RANS 法,建立了船舶航行性能的多目标优化平台,以某散货船为例,以总阻力和桨盘面伴流分数为目标函数,进行优化计算,获得的最优船型总阻力减小了 5%,而且航行性能显著提高。

在基于最小波浪阻力的船型优化方面尚未见研究成果发表,但在波浪阻力计算方面成果显著,可为船型优化提供技术保障。万德成及其课题组基于开源代码 OpenFoam 开发了计算船舶波浪增阻求解器 naoe. FOAM - SJTU,在求解过程中,采用 VOF(Volume of Fluid)法捕捉自由液面,引入 SST(Shear Stress Transport)k-w 湍流模型来处理黏性流,采用 PISO 方法处理速度压力耦合问题。计算了 DTMB 5512 船模在规则波中、不同波陡、迎浪航行时的垂荡和纵摇运动以及波浪增阻。赵发明等开发了基于重叠网格技术的船舶 CFD 水动力性能计算系统,能够很好地模拟船舶运动时的阻力和响应问题;石博文等基于黏性理论建立了三维数值造波水池,实现了船模在不规则波中顶浪运动的数值模拟。

国内研究者紧密跟踪国际前沿,将商用 CFD 数值模拟软件计算的总阻力、参数化模型方法、叠加调和法等几何重构方法,利用优化算法工具箱或商业优化平台(如 iSIGHT)进行综合集成,构建了基于 SBD 技术的船型优化系统,并取得了一定的成果;在航行性能优化方面主要利用回归公式建立航行性能关系式进行优化。近年来,开始以波浪阻力和能效指数 EEDI 为目标函数,以耐波性衡准为约束条件在商业优化平台上进行优化设计,但是,波浪阻力计算只局限在势流理论范围,没有评估实际船型优化后的节能效果。

综合以上国内外研究进展可知,国外学者已经建立了基于 SBD 技术的船舶航行性能优化系统的理论框架,并在关键技术上取得了突破,实现了以性能驱动设计目标的船型优化模式,从单一的阻力性能优化到多个性能(耐波性、操纵性)的综合优化,最优船型也从简单的数学船型(Wigley 船型、Series 60 船型)到较为实用的船型;国内已基本上实现了基于 RANS 法的船型静水阻力优化,且已应用于实际的船型设计中,但主要以单目标优化或简单的多航速优化为主,并没有给出多载况下的阻力优化或计及航态(高速船,如集装箱)的多航速优化,也没有评估在波浪中的节能效果(而实际上船舶是在波浪中航行的)。另外,也没有评价针对优化的这一航速在不同装载下的节能效果,即航行优化。因此,本书在黏性流部分从船舶的营运实际出发,研究基于非定常 RANS 法的船型 SBD 设计和航行优化系统的关键技术:包括:基于结构重叠网格技术的非定常 RANS 法的总体性能评估系统;基于 ASD 自由曲面变形法的船体几何重构技术;基于 BP 神经网络、Elman 神经网络、粒子群算法的优化机理;基于神经网络的近似技术和 CFD 并行计算技术,开发具有自主知识产权的以数值评估优化为特征的船舶航行优化设计系统。以非定常 RANS 法计算的静水阻力和波浪阻力为目标函数,以反映船体形状变化的参数为设计变量,把排水量限制作为基本约束条件,再去考虑附加约束条件,结合优化算法进行船型设计优化。此外,本书还研究了设计航速下最小纵倾值的航行控制优化,从而获得航行性能最优船型,为真正实现实船综合航行优化奠定理论基础。

1.4　研究内容

本书采用理论优化与试验验证(势流理论)相结合的方法研究了最小静水阻力和波浪阻力的船型优化设计,分别以 Michell 积分法、Rankine 源法计算的兴波阻力和平板摩擦阻力之和,RANS 法计算的静水总阻力和波浪总阻力为目标函数,以反映船体形状变化的控制参数(船型修改函数和 ASD 自由曲面变形法)为设计变量,以排水量限制为基本约束条件,再去考虑其他附加约束条件,结合非线性规划法、遗传算法、小生竟遗传算法研究基于势流理论的船型优化问题;采用 BP 神经网络算法、Elman 神经网络算法、粒子群算法和改进的粒子群算法相结合来研究基于 RANS 法的船型优化设计和最佳纵倾的航态控制优化问题。开发具有自主知识产权的船体线型优化设计程序,以 Wigley 船型、S60 船型、DTMB5415 军舰、KCS 集装箱船等 4 条典型船型为研究对象进行优化计算,获得理论上的线型最优船型,最后,通过模型试验(势流理论)验证了理论优化的可靠性,以此构建基于水动力学理论的船型 SBD 设计和航行优化设计框架,具体研究内容如下:

1) 船体几何重构技术

基于 Michell 积分法的船型优化,由于目标函数的表达式中包含船型(型值),可以直接输入船型文件实现优化;基于 Rankine 源法的船型优化,由于目标函数和设计变量之间是隐式的表达关系,直接以兴波阻力为目标进行优化比较困难,必须借助船型修改函数将目标函数和设计变量联系起来,再以船型修改函数的参数为设计变量进行船型优化;而基于 RANS 法的船型优化除了目标函数和设计变量之间是隐式关系之外,还需要对重构后的船型进行参数化建模和网格自动划分,因此,本书中基于 CFD 的船型优化是采用 ASD 自由曲面变形法实现船型参数化表达和几何重构的。

2) 阻力数值评估技术

水动力学理论的数值评估计算精度直接影响到优化结果的可靠性。本书分别采用 Michenll 积分法和 Rankine 源法计算兴波阻力,由于该方法是以线性和非线性兴波阻力理论为基础的,因此对于细长船型或高速船型计算精度较高,而且能够满足工程精度要求,由于该类船型中兴波阻力占有很大的比例,因此该类船型以最小兴波阻力船型为主要目标进行优化设计比较实际,而且基于 Michenll 积分法和 Rankine 源法的船型优化计算速度快,能够迅速地获得最优船型,本书以 Wigley 船型、S60 船型和 DTBM5415 船型为例进行阻力评估和优化。而基于黏性理论的 RANS 法计算精度高,早已被工程实践所证实,但采用 CFD 评估一个船型的阻力就需要很长的时间,再和优化算法结合起来进行优化设计,计算时间之长让人难以接受。但其计算精度较高,特别对于一些肥大船型或非常规船型,其阻力成分又较复杂,还是需要采用 CFD 来进行船型优化,特别是近几年来,随着计算机存储能力的增强和计算速度的提高,可以采用工作站和服务器来实现基于 CFD 的船型优化。本书建立了基于 RANS 法的数值水池，采用 VOF 法捕捉自由液面，湍流模型为 RNG 型 $k-\omega$ 二方程模型，采用体积中心有限差分格式离散控制方程，时间项采用二阶欧拉向后差分格式，对流项采用二阶混合差分格式，黏流项采用二阶中心差分格式，采用 SIMPLE 算法进行 RANS 方程和连续性方程的求解，给定边界条件和初始条件，结合六自由度运动方程，构建基于 RANS 法的船舶静水（波浪）阻力和运动响应数值计算方法。

对于船舶波浪阻力和运动响应的数值求解，其关键技术是网格自动生成和自由液面模拟方法。本书采用结构重叠网格技术来模拟船舶六自由度运动问题，采用单项 VOF 法模拟自由液面。针对本书中的船体和流域，采用结构重叠网格技术来进行网格布局和生成计算网格。在该网格策略中，流域背景网格采用静止的笛卡儿直角网格以保证自由液面的网格分辨率，船体采用重叠网格，且原型及所有变形网格均采用统一的拓扑结构。在计算过程中，船体网格随着船体的不断运动，与背景网格之间的相对位置也在不断发生变化，导致网格之间重叠区域也不断变化，在每一个时间段都要进行网格之间的流场信息交换。

3) 最优化算法和近似技术

本书基于 Michell 积分法和 Rankine 源法，分别研究了基于非线性规划法、遗传算法和小生竟遗传算法的最小兴波阻力船型和最小总阻力船型。直接以真实的物理模型作为目标函数进行优化，无须采用近似技术。而基于 RANS 法分别研究了基于 BP 神经网络、改进神经网络、Elman 神经网络、粒子群算法、改进粒子群算法的最小静水阻力船型和最小波浪阻力船型优化设计问题。由于基于 CFD 船型优化物理模型的复杂性，必须采用近似模型代替真实的物理模型，才能实现基于 CFD 的最小阻力船型优化设计及航行控制优化。

4) 综合集成技术

对于 Michell 积分法和 Rankine 源法的船型优化是通过自编程序实现整个优化计算过程的。而对于 RANS 法的船型优化需借助优化集成平台 ISGHT，将各个模块集成起来完成船型优化，分别构建基于 CFD 静水阻力船型设计框架和基于 CFD 的最小波浪阻力船型优化框架，最后以最佳航行纵倾为设计变量，构建了综合航行性能最优的船型设计框架。

1.5 研究方案

本书总的研究方案如图 1-6 所示。

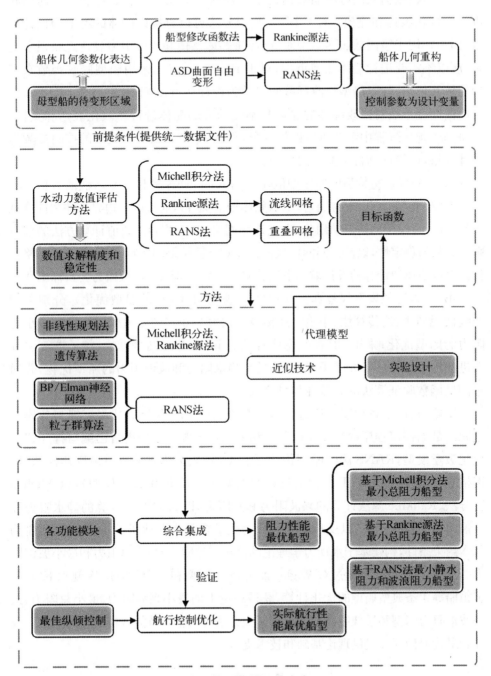

图 1-6　总的研究方案

第一，根据输入的母型船数据，包括型值表、主尺度等参数对船体几何形状进行参数化表达和建模：对于 Michell 积分法可以直接以船体的型值为设计变量，因为在用帐篷函数表达船型时，已经将船体型值和兴波阻力表达式联系了起来，所以不需要进行船体几何重构；对于 Rankine 源法，采用船型修改函数来表达船体几何形状，以船型修改函数的参数为设计变量；对于 RANS 法，采用 ASD 自由曲面变形法对修改部分的船体和不变部分的船体进行参数化表达和重构，在每一步优化过程中都要进行网格划分，再以 ASD 自由曲面变形的控制参数为设计变量，最终达到自由变形的目的。

第二，将经过重构后的船体型值输入到 Rankine 源法和 RANS 法的数值计算模型中（对于 Michell 积分法直接输入船体型值文件），通过确定边界条件和计算域大小，进行建模和网格自动划分，生成计算网格文件，并验证数值计算方法的求解精度和数值稳定性，以及不同网格疏密程度对计算结果的影响，确定最终的网格文件。以数值模拟计算的设计航速下兴波阻力、静水总阻力、波浪阻力为目标函数。

第三，以近似模型代替真实的物理模型（基于 CFD 的船型优化），分别采用非线性规划法、遗传算法、小生竞遗传算法研究最小兴波阻力船型优化和最小总阻力的船型优化；采用 BP 神经网络算法、Elman 神经网络算法、粒子群算法和改进的粒子群算法研究基于 CFD 的最小静水阻力和波浪阻力的船型优化，并通过测试函数验证算法的收敛性和可靠性。

第四，将以上各功能模块进行综合集成，采用 FORTRAN 语言编写各模块之间的数据接口程序（Michell 积分法和 Rankine 源法是采用自己编写程序建立优化数学模型，RANS 法的船型优化是将 CFD 阻力求解软件、CAD 建模软件、网格划分软件在 ISGHT 平台上进行综合集成建立优化数学模型），以 Michell 积分法、Rankine 源法计算的兴波阻力和总阻力，以 RANS 法计算的静水阻力和波浪阻力为目标函数，以反映船体形状变化的参数为设计变量，以排水量限制为基本约束条件，构建基于水动力学理论的最小兴波阻力、最小总阻力和最小波浪阻力船型优化设计框架，通过对 Wigley 船型、S60 船型和 DTMB5415 军舰和 KCS 集装箱船等 4 条典型船型的优化计算，获得理论上的最小兴波阻力、最小总阻力、最小波浪阻力船型和最佳纵倾船型。其研究方法可为基于节能减排的"绿色船型"设计和最优船型开发提供理论基础和技术支持。

参 考 文 献

［1］赵峰,吴乘胜,张志荣,等.实现数值水池的关键技术初步分析[J].船舶力学,2015,19

(10)：1210－1220.

[2] 宫民,张宇宏,王行仁.SBD 技术及其在自动飞行系统设计中的应用[J].北京航空航天大学学报,1999,25(3)：288－291.

[3] Zakerdoost H,Ghassemi H,Ghiasi M. Ship Hull Form Optimization by Evolutionary Algorithm in Order to Diminish the Drag[J]. Journal of marine science and Application,2013,12(2)：170－179.

[4] 李胜忠.基于 SBD 技术的船舶水动力构型优化设计研究[D].无锡:中国船舶科学研究中心,2012.

[5] 王建华,万德成.基于重叠网格技术数值模拟船舶纯摇首运动[J].水动力学研究进展,2016,31(5)：567－574.

[6] 刘祖源,冯佰威,詹成胜.船体型线多学科设计优化[M].北京:国防工业出版社,2010.

[7] 吴皓.基于 SBD 技术的远洋渔船船型优化[D].大连:大连理工大学,2020.

[8] 张宝吉.船体线型优化设计方法及最小阻力船型研究[D].大连:大连理工大学,2009.

[9] 李作志.基于兴波阻力数值计算的船型优化研究[D].大连:大连理工大学,2005.

[10] 刘应中.船舶兴波阻力理论[M].北京:国防工业出版社,2003.

[11] 夏伦喜.等价薄船法及其在穿行改进中的应用[D].上海:上海交通大学,1982.

[12] Hsiung C C. Optimal Ship Forms for Minimum Wave Resistance[J]. Journal of Ship Research,1981,25(2)：95－116.

[13] Hsiung C C. Optimal Ship Forms for Minimum Total Resistance[J]. Journal of Ship Research,1984,28(3)：163－172.

[14] 黄德波,牟军.关于线性兴波阻力理论计算的解释、修正与计算[J].哈尔滨工程大学学报,1997,18(5)：8－14.

[15] 潘中庆,蔡荣泉,都绍裘,等.应用 Mathieu 函数改进船型[J].中国造船,1989(2)：44－53.

[16] 张轩刚,都绍裘,蔡荣泉,等.应用双二次样条函数计算高速双体船的兴波阻力和改进船型[J].中国造船,1990(2)：1－15.

[17] 石仲堃,郑建明,黄毅.船型优化方法及最小兴波阻力船型研究[J].华中理工大学学报,1991,19(5)：121－128.

[18] 马坤,田中一朗.最小阻力船型优化研究[J].水动力学研究与进展,1997,12(1)：114－122.

[19] 馬坤,田中一朗.剥離を考慮した極小抵抗船型決定法(第 1 報)[J].日本関西造船協会誌,221(1994)：9－15.

[20] 馬坤,田中一朗.剥離を考慮した極小抵抗船型決定法(第 2 報)[J].日本関西造船協会誌,222(1994)：41－47.

[21] 田中一朗,馬坤.低抵抗.高推進効率の船型決定法[J].日本関西造船協会誌,223(1995)：49－57.

[22] 纪卓尚,李树范,郭昌捷.船舶优化设计中的一个实用混合整数规划方法[J].大连工学院学报,1982,21(1)：69 - 76.

[23] 林焰,纪卓尚,戴寅生.船体 B 样条曲面的数学描述及计算机方法[J].中国造船,1996(4)：83 - 86.

[24] 林焰,朱照辉,纪卓尚,等.函数参数船型—型线表达[J].中国造船,1997(3)：74 - 78.

[25] 林焰,纪卓尚,李铁骊,等.减阻球首优化设计方法[J].大连理工大学学报,1999,39(6)：785 - 791.

[26] 黄青.波形阻力预估及船型优化[J].华中理工大学学报,1990,18(5)：69 - 76.

[27] Saha G K, Suzuki K, Kai H. Hydrodynamic optimization of ship hull forms in shallow water[J]. Journal of Marine Science and Technology, 2004(9)：51 - 62.

[28] Masut S, Suzuki K. Experimental Verification of Optimized Hull Form Based on Rankine Source Method[J]. Journal of the Kansai Society of Naval Architects, Japan, 2001(236)：27 - 32.

[29] 程明道,刘晓东,何术龙,等.方尾舰船兴波阻力计算及其应用[J].船舶力学,1999,3(1)：6,- 12.

[30] 刘晓东,李百齐,朱德祥.方尾船流动数值模拟[J].水动力学研究与进展(A 辑),2003,18(2)：168 - 175.

[31] 陈京普,朱德祥,何术龙.双体船/三体船兴波阻力数值预报方法研究[J].船舶力学,2006,10(2)：23 - 29.

[32] Heimann J. CFD Based optimization of the wave-making characteristics of ship hulls[D]. Berlin：Technical University Berlin, 2005.

[33] 王献孚,周树信,陈泽梁,等.计算船舶流体力学[M].上海：上海交通大学出版社,1992.

[34] 邓锐,黄德波,周广利.三体船阻力的数值计算研究[J].哈尔滨工程大学学报,2008,29(7)：673 - 676.

[35] Tahara Y, Saitoh Y, Himeno Y. CFD-Aided Optimization of Tanker Stern Form - 1st Report：Minimization of Viscous Resistance[J]. Journal of the Kansai Society of Naval Arohitects, 1999(231)：29 - 36.

[36] Peri D, Campana E F. Multidisciplinary Design Optimization of a Naval Surface Combatant [J]. Journal of Ship Research, 2003, 47(1)：1 - 12.

[37] Peri D, Campana E F. High-Fidelity Models and Multiobjective Global Optimization Algorithms in Simulation-Based Design [J]. Journal of Ship Research, 2005, 49(3)：159 - 175.

[38] Campana E F, Liuzzi D, Lucidi S, et al. New Global Optimization Methods for Ship Design Problems [J]. Optimization and Engineering, 2009, 10(4)：533 - 555.

[39] Tahara Y, Sugimoto S, Murayama S, et al. Development of CAD/CFD/OptimizerInte

grated Hull-Form Design System[J]. Journal of the Kansai Society of Naval Architects，2003(240)：29-36.

[40] Tahara Y，Tohyama S. CFD-Based Multi-Objective Optimization Method for Ship Design [J]. International Journal for Numerical Methods in Fluids，2006(52)：499-527.

[41] Tahara Y，Peri D，Campana E F，et al. Computational Fluid Dynamics Based Multiobjective Optimization of a Surface Combatant [J]. Marine Science and Technology，2008，13(2)：95-116.

[42] Tahara Y，Peri D，Campana E F，et al. Single- and Multiobjective Design Optimization of a Fast Multihull Ship：Numerical and Experimental Results [J]. Journal of Marine Science and Technology，2011，16(4)：412-433.

[43] Gregory J，Grigoropoulos，Dimitris S，et al. Hull-Form Optimization in Calm and Rough Water[J]. Computer-Aided Design，2010(42)：977-984.

[44] Campana E F，Peri D.Shape Optimization in Ship Hydrodynamics Using Computational Fluid Dynamics [J]. Computer Methods in Applied Mechanics and Engineering，2006(196)：634-651.

[45] Kim K T，Bathfield F，Nicolas，et al. Hydrodynamic Optimization of Twin-Skeg LNG Ships by CFD and Model Testing[J]. International Journal of Naval Architechitecture and Ocean Engineering，2014，6(2)：392-405.

[46] Soonhung H，Yeon-Seung L，Young B C. Hydrodynamic Hull Form Optimization Using Parametric Models[J]. Journal of Marine Science and Technology，2012，17(1)：1-17.

[47] Vasudev K L，Sharma R，Bhattacharyya S K. A multi-objective optimization design framework integrated with CFD for the design of AUVs[J]. Methods in Oceanography，2014(10)：138-165.

[48] Orihara H，Miyata H. Evaluation of added resistance in regular incident waves by computational fluid dynamics motion simulation using an overlapping grid system[J]. Journal of Marine Science and Technology，2003，8(2)：47-60.

[49] Carrica P M，Wilson R V，Noack R W，et al. Ship motions using single-phase level set with dynamic overset grids[J]. Computers and Fluids，2007，36(9)：1415-1433.

[50] Tezdogan T，Demirel Y K，Kellett P，et al. Full-scale unsteady RANS CFD simulations of ship behaviour and performance in head seas due to slow steaming[J]. Ocean Engineering，2015(97)：186-206.

[51] 陈晓娜.小水线面双体船船型优化研究[D].上海：上海交通大学,2007.

[52] 徐力.基于 CFD 的船体阻力性能优化[D].上海：上海交通大学,2012.

[53] 梁军.基于水动力性能的线型优化[D].上海：上海交通大学,2008.

[54] 常海超,冯佰威,刘祖源.近似技术在船型阻力性能优化中的应用研究[J].中国造船,

2012,53(1)：88－98.

[55] 谢玲玲,冯佰威,刘祖源.基于 CFD 的高速船船体型线的自动优化[J].华中科技大学学报(自然科学学报),2011,39(6)：129－132.

[56] 钱建魁.基于水动力学性能的船型多学科优化设计[D].武汉：武汉理工大学,2011.

[57] 钱建魁,毛筱菲,王孝义.基于 CFD 和响应面方法的最小阻力船型自动优化[J].船舶力学,2012,16(1－2)：36－43.

[58] Mahmood S. A research on the ship hull form optimization using viscous CFD and Genetic algorithm[D]. Harbin：Harbin Engineering University, 2012.

[59] 李胜忠,赵峰,杨磊.基于 CFD 的翼型水动力性能多目标优化设计[J].船舶力学,2010,14(11)：1441－1448.

[60] 张文旭.基于 EEDI 的集装箱船波浪中船型多学科优化[D].武汉：武汉理工大学,2012.

[61] 邹勇.基于 EEDI 能效设计指数的高性能船舶优化方法研究[D].大连：大连海事大学,2012.

[62] Li S Z, Zhao F, Ni Q J. Bow and Stern Shape Integrated Optimization for a Full Ship by a Simulation-based Design Technique[J]. Journal of Ship Research, 2014, 58(2)：83－96.

[63] Shen Z R, Ye H X, Wan D C. URANS simulations of ship motion responses in long-crest irregular waves[J]. Journal of Hydrodynamics, 2014, 26(3)：436－446.

[64] 赵发明,高成君,夏琼.重叠网格在船舶 CFD 中的应用研究[J].船舶力学,2011,15(5)：332－341.

[65] 石博文,刘正江,吴明.船模不规则波中顶浪运动数值模拟研究[J].船舶力学,2014,18(8)：906－915.

船舶阻力评估基础理论

　　船舶水动力性能评估技术是实现基于 SBD 技术船型优化的前提和关键条件之一,它为建立船型优化设计问题的数学模型提供了有效手段。水动力性能评估的精度直接影响到优化结果的质量。在优化过程中,优化算法将根据性能预报结果调整下一步搜索方向。因此,性能预报结果的可靠性是保证优化算法在设计空间的搜索方向正确与否的关键,也直接关系到优化设计的成败。

　　由于船舶水动力学理论数值预报精度会直接影响到船型优化的质量,因此,基于水动力学理论的船型优化,对数值模拟技术的基本要求是:

　　1) 快速性

　　在采用水动力学理论进行船型优化时,要求数值方法能够快速地计算出船型的阻力性能,在优化过程中,数值模拟方法需要根据船体几何重构技术变换的船体形状不断地计算阻力性能,这就对数值模拟技术的快速性提出了更高的要求。在船舶水动力学理论中,势流理论一般能够满足这个要求,因此在 20 世纪 90 年代获得了广泛的应用。而近年来,随着计算机技术的高速发展和数理知识水平的提高,基于 CFD 的船型优化也成为可能,但和势力流理论相比还是慢很多,特别是 CFD 技术强烈地依赖计算机硬件。在后金融危机时代,激烈的市场竞争中,谁能够快速找到一种行之有效的船型优化设计方法,谁就能够占领市场,从而立于不败之地,因此,船舶水动力学数值模拟技术的快速性是基于 SBD 船型优化必须解决的一大问题。

　　2) 准确性

　　数值模拟技术的准确性直接影响到最优船型的质量,基于势流理论的船舶阻力数值模拟,比如 Michell 积分法和 Rankine 源法,在评价一些高速、细长船型时准确性较高,能够满足工程实际要求。而在评价一些特殊船型,比如肥大船型时,结果和试验值差距甚远,所以优化的结果往往失真。采用 CFD 技术在进行船舶阻力评价时,一般会得到较准确的阻力值,不受船型的限制,而且还能得到更多的流场信息。因此,近年来,基于势流理论的船型阻力评价逐渐被 CFD 所取代。但势流理论的计算速度仍然是 CFD 所无法比拟的。在基于水动力学理论的船型优化时，针对不同的船型采用不同的理论才更有效。

3）敏感性

基于水动力学理论的船型优化要求数值评估方法能够快速识别船体几何形状的微小变化对计算结果的影响，即数值计算方法对船型变化要有较高的敏感性。在船型优化过程中，优化方法是根据数值模拟结果调整设计变量的，以获得新的船型。而 CAD 模块重构出新的船型，然后用数值模拟再进行评估，如此反复，可能每次船型的变化都很微小，这就对数值评估方法的敏感性提出了更高的要求。

本书主要论述 Michell 积分法、Rankine 源法和 RANS 法。

2.1　Michell 积分法

阻力理论和二次规划技术在船型优化设计中的应用是熊继昭教授首先提出的。他在船舶诸阻力成分中，只考虑兴波阻力和摩擦阻力，兴波阻力采用线性兴波阻力理论的 Michell 积分法计算，而摩擦阻力则采用国际船模试验水池会议（International Towing Tank Conference，ITTC）所推荐的公式计算。此方法的特点是引入一组单位 tent 函数来逼近船体函数，这样把兴波阻力和摩擦阻力计算公式简化为用船体型值表示的仅仅关于 $y(x,z)$ 坐标的函数，将船型表面 (x, y, z) 坐标离散为网格上的点，固定 x、z 坐标不变，y 坐标作为设计变量，另外附加约束条件，这样，就可以用最优化方法获得阻力最小船型。

2.1.1　用 tent 函数表达船型

采用 Michell 积分法进行兴波阻力数值计算的关键是船体函数的表达。然而，通常船体表面是采用离散型值点的形式来表达的，而 tent 函数能将船体型值和兴波阻力计算公式联系起来。用 tent 函数表达船体型值时，首先用一定数量的水线和站号线将船体表面划分成矩形网格，如图 2-1 所示。

在布置站号线和水线时，将第一站号线放在船体的最前端，最后一条站号线放在船体最后端，而第一条水线是基线，最后一条水线是设计水线。在 (x_i, z_j) 网格点处的矩形单元是由 $(i-1)$，$(i+1)$ 站号线和第 $(j-1)$，$(j+1)$ 水线所构成。现在定义一个单位 tent 函数，如图 2-2 所示。该函数在网格点 (x_i, z_j) 处值等于 1，而在单元边界上等于 0。

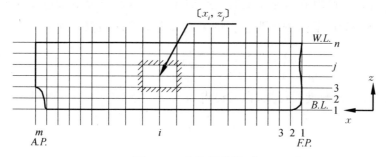

图 2-1　船体网格排列

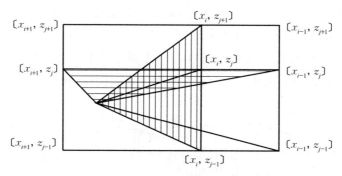

图 2-2　单位帐篷函数图

与网格点(x_i, z_j)有关的单位 tent 函数 $h^{(i,j)}(x, z)$可写成如下形式：

$$
h^{(i,j)}(x, z) =
\begin{cases}
\left(1 - \dfrac{x_i - x}{x_i - x_{i-1}}\right) \cdot \left(1 - \dfrac{z_j - z}{z_j - z_{j-1}}\right) & x_{i-1} < x < x_i,\ z_{j-1} < z < z_j \\[2mm]
\left(1 - \dfrac{x_i - x}{x_i - x_{i-1}}\right) \cdot \left(1 - \dfrac{z_j - z}{z_j - z_{j+1}}\right) & x_{i-1} < x < x_i,\ z_j < z < z_{j+1} \\[2mm]
\left(1 - \dfrac{x_i - x}{x_i - x_{i+1}}\right) \cdot \left(1 - \dfrac{z_j - z}{z_j - z_{j-1}}\right) & x_i < x < x_{i+1},\ z_{j-1} < z < z_j \\[2mm]
\left(1 - \dfrac{x_i - x}{x_i - x_{i+1}}\right) \cdot \left(1 - \dfrac{z_j - z}{z_j - z_{j+1}}\right) & x_i < x < x_{i+1},\ z_j < z < z_{j+1} \\[2mm]
0 & \text{其他}
\end{cases}
$$

$$(2-1)$$

仔细观察以上表达式，虽然单位 tent 函数 $h^{(i,j)}(x, z)$不是线性函数，但在一个单元的每一个象限内，对于固定的 z，则 $h^{(i,j)}(x, z)$是关于 x 的线性函数，或对于固定的 x，则 $h^{(i,j)}(x, z)$是关于 z 的线性函数。根据 tent 函数的这个特征,可以用 tent 函数族与船体型值一起构成一个函数来近似表达船体表面。如果在(x_i, z_j)处的船体型值为 y_{ij},则可定义近似船体函数 $\hat{h}(x, z)$ 为

$$\hat{h}(x, z) = \sum_i \sum_j y_{ij} h^{(i, j)}(x, z) \qquad (2-2)$$

根据 tent 函数性质可知,在网格点(x_i, z_j)处 $h^{(i, j)}(x, z) = 1$,

$$\hat{h}(x, z) = y_{ij} \qquad (2-3)$$

或者 $\hat{h}(x, z) = h^{(i, j)}(x, z)$。

用式(2-3)来逼近船体表面函数,其逼近的程度与网格划分的大小有关。图 2-3 表明在一个矩形单元内 tent 函数族近似表达船体表面的情况。从该图中可以看出,网格点(x_i, z_j)和附近网格点(x_{i-1}, z_j) (x_i, z_{j+1}) (x_{i+1}, z_j) (x_i, z_{j-1})之间都是以直线来近似地表达这部分船体表面的水线和站号线的,所以网格划分得越小,用式(2-3)表达的船体表面就越精确。

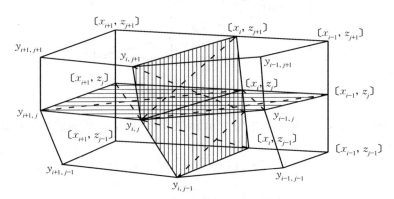

图 2-3　帐篷函数族构成的船体部分示意图

2.1.2　Michell 积分公式的推导

设均匀流动为基本流动,叠加在此基本流动上的波动势满足线性自由面条件。在薄船体、无限水深、对称绕流的条件下,Michell 采用分离变量法得到相应的速度势和相应的兴波阻力公式。

取固定于船体上的右手直角坐标系:原点 o 取在未被扰动的静止水面上,且处于载重水线面的船中处,ox 轴、oy 轴与静止水面重合。船沿 x 轴的负方向以速度$-U$ 做匀速直线运动。根据运动转换原理,可视为船处于速度为 U 的均匀来流中,如图 2-4 所示。

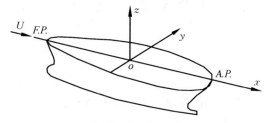

图 2-4　坐标系

$$R_w = \frac{4\rho g K_0}{\pi} \int_0^{\pi/2} (I^2 + J^2) \sec^3\theta \mathrm{d}\theta \qquad (2-4)$$

式中：

$$I + iJ = \int_{-T}^0 \mathrm{d}z \int_{-L/2}^{L/2} f_x(x,\ z) \mathrm{e}^{K_0 z \sec^2\theta + iK_0 x \sec\theta} \mathrm{d}x$$

$$I = \int_{-T}^0 \mathrm{e}^{K_0 z \sec^2\theta} \mathrm{d}z \int_{-L/2}^{L/2} f_x(x,\ z) \cos(K_0 x \sec\theta) \mathrm{d}x$$

$$J = \int_{-T}^0 \mathrm{e}^{K_0 z \sec^2\theta} \mathrm{d}z \int_{-L/2}^{L/2} f_x(x,\ z) \sin(K_0 x \sec\theta) \mathrm{d}x$$

式中，K_0 是波数，且 $K_0 = \dfrac{g}{c^2}$；c 是船速（m/s）；g 是重力加速度（m/s²）；ρ 是水密度（kg/m³）；$y = \pm f(x,\ z)$ 是船型的表面方程；L 是船长（m）；T 是吃水（m）。

令：

$$\lambda = \sec\theta$$

$$\mathrm{d}\lambda = \tan\theta \cdot \sec\theta \cdot \mathrm{d}\theta$$

$$\mathrm{d}\theta = \frac{\cos^2\theta}{\sin\theta} \mathrm{d}\lambda$$

$$\sec^3\theta \cdot \mathrm{d}\theta = \frac{\sec\theta}{\sin\theta} \mathrm{d}\lambda = \frac{\lambda}{\sqrt{1 - \dfrac{1}{\lambda^2}}} \mathrm{d}\lambda = \frac{\lambda^2}{\sqrt{\lambda^2 - 1}} \mathrm{d}\lambda$$

则兴波阻力公式变为

$$R_w = \frac{4\rho g K_0}{\pi} \int_1^{+\infty} (I^2 + J^2) \frac{\lambda^2}{\sqrt{\lambda^2 - 1}} \mathrm{d}\lambda \qquad (2-5)$$

其中：

$$I = \int_{-T}^{0} \mathrm{e}^{K_0 \cdot z \cdot \lambda^2} \mathrm{d}z \int_{-L/2}^{L/2} f_x(x, z) \cdot \cos(K_0 \cdot x \cdot \lambda) \mathrm{d}x$$

$$J = \int_{-T}^{0} \mathrm{e}^{K_0 \cdot z \cdot \lambda^2} \mathrm{d}z \int_{-L/2}^{L/2} f_x(x, z) \cdot \sin(K_0 \cdot x \cdot \lambda) \mathrm{d}x$$

定义无因次波数：$\gamma_0 = \dfrac{L}{2} K_0 = \dfrac{g \cdot L}{2 \cdot v^2} = \dfrac{1}{2 \cdot Fr^2}$；那么 $K_0 = \dfrac{2 \cdot \gamma_0}{L}$；并且对 x，z 无因次化。令：

$$m = \frac{z}{T} + 1; z = -(1-m) \cdot T; n = \frac{x}{L}; \lambda = u^2 + 1 (\text{消去 } \lambda = 1 \text{ 的奇异性}), \text{则}$$

兴波阻力公式变形为

$$R_w = \frac{8 \cdot \rho \cdot g \cdot \gamma_0}{\pi L} \int_0^{+\infty} (I^2 + J^2) \frac{(u^2+1)^2}{\sqrt{(u^2+1)^2 - 1}} 2 \cdot u \mathrm{d}u$$

$$= \frac{16 \cdot \rho \cdot g \cdot \gamma_0}{\pi L} \int_0^{+\infty} (I^2 + J^2) \frac{(u^2+1)^2}{\sqrt{u^2+2}} \mathrm{d}u \qquad (2-6)$$

其中：

$$I = \frac{1}{2} B \cdot T \int_0^1 \mathrm{e}^{-2 \cdot \gamma_0 \cdot (1-z) \frac{T}{L} \cdot (u^2+1)^2} \mathrm{d}z \int_{-1/2}^{1/2} f_x(x, y) \cdot \cos[2 \cdot \gamma_0 \cdot (u^2+1) \cdot x] \mathrm{d}x$$

$$J = \frac{1}{2} B \cdot T \int_0^1 \mathrm{e}^{-2 \cdot \gamma_0 \cdot (1-z) \frac{T}{L} \cdot (u^2+1)^2} \mathrm{d}z \int_{-1/2}^{1/2} f_x(x, y) \cdot \sin[2 \cdot \gamma_0 \cdot (u^2+1) \cdot x] \mathrm{d}x$$

下面引入 tent 函数，再对 Michell 积分公式进行推导：

$$R_w = \frac{4\rho g K_0}{\pi} \int_0^{\pi/2} (I^2 + J^2) \sec^3\theta \mathrm{d}\theta; K_0 = \frac{g}{V^2}$$

其中：

$$I = \int_{-T}^{0} e^{K_0 \zeta \sec^2 \theta} d\zeta \int_{0}^{L} H_\xi(\xi, \zeta) \cos(K_0 \xi \sec \theta) d\xi$$

$$J = \int_{-T}^{0} e^{K_0 \zeta \sec^2 \theta} d\zeta \int_{0}^{L} H_\xi(\xi, \zeta) \sin(K_0 \xi \sec \theta) d\xi$$

先后经过变换：$\lambda = \sec \theta; u = \sqrt{\lambda - 1}$ 以及引入下列无因次变量：

$$x = \xi/L; y = \eta/b; z = \zeta/T; b = B/2$$

无因次船体函数：$h(x, z) = \dfrac{1}{b} H(\xi, \zeta)$

无因次船体斜率函数：$h_x(x, z) = \dfrac{L}{b} H_\xi(\xi, \zeta)$

无因次波数：$\gamma_0 = \dfrac{g \cdot L}{2 \cdot v^2} = \dfrac{1}{2 \cdot Fr^2} = \dfrac{L}{2} K_0$

Michell 积分法的兴波阻力公式变为

$$R_w = \frac{8 \cdot \rho \cdot g}{\pi} \cdot \frac{B^2 \cdot T^2}{L} \cdot \frac{\gamma_0}{2} \int_{0}^{+\infty} (P(u)^2 + Q(u)^2) \frac{(u^2 + 1)^2}{\sqrt{u^2 + 2}} du$$

$$(2-7)$$

其中：

$$P(\lambda) = \int_{0}^{1} e^{-2 \cdot \gamma_0 \frac{T}{L} \cdot \lambda^2 \cdot (1-z)} dz \int_{0}^{1} h_x(x, z) \cdot \cos(2 \cdot \gamma_0 \cdot \lambda \cdot x) dx$$

$$Q(\lambda) = \int_{0}^{1} e^{-2 \cdot \gamma_0 \frac{T}{L} \cdot \lambda^2 \cdot (1-z)} dz \int_{0}^{1} h_x(x, z) \cdot \sin(2 \cdot \gamma_0 \cdot \lambda \cdot x) dx$$

将连续函数离散化：

$$P(\lambda) = \sum_i \sum_j y_{ij} \iint_{\Delta S_{ij}} h_x^{(i, j)}(x, z) \cdot \cos(2 \cdot \gamma_0 \cdot \lambda \cdot x) \cdot e^{-2 \cdot \gamma_0 \frac{T}{L} \cdot \lambda^2 \cdot (1-z)} dx dz$$

$$(2-8)$$

$$Q(\lambda) = \sum_i \sum_j y_{ij} \iint_{\Delta S_{ij}} h_x^{(i, j)}(x, z) \cdot \sin(2 \cdot \gamma_0 \cdot \lambda \cdot x) \cdot e^{-2 \cdot \gamma_0 \frac{T}{L} \cdot \lambda^2 \cdot (1-z)} dx dz$$

$$(2-9)$$

引入 tent 函数：

$$h_x^{(i,j)}(x,z) = \begin{cases} \dfrac{1}{x_i - x_{i-1}} \cdot \left(1 - \dfrac{z_j - z}{z_j - z_{j-1}}\right) & x_{i-1} < x < x_i,\; z_{j-1} < z < z_j \\[2mm] \dfrac{1}{x_i - x_{i-1}} \cdot \left(1 - \dfrac{z_j - z}{z_j - z_{j+1}}\right) & x_{i-1} < x < x_i,\; z_j < z < z_{j+1} \\[2mm] \dfrac{1}{x_i - x_{i+1}} \cdot \left(1 - \dfrac{z_j - z}{z_j - z_{j-1}}\right) & x_i < x < x_{i+1},\; z_{j-1} < z < z_j \\[2mm] \dfrac{1}{x_i - x_{i+1}} \cdot \left(1 - \dfrac{z_j - z}{z_j - z_{j+1}}\right) & x_i < x < x_{i+1},\; z_j < z < z_{j+1} \\[2mm] 0 & \text{其他} \end{cases}$$

$$(2-10)$$

变换 $P(\lambda)$ 和 $Q(\lambda)$ 得到下列两式：

$$P(\lambda) = \sum_i \sum_j y_{ij} \cdot C_i(\lambda, \gamma_0) \cdot E_j\left(\lambda, \gamma_0, \frac{T}{L}\right) \qquad (2-11)$$

$$Q(\lambda) = \sum_i \sum_j y_{ij} \cdot S_i(\lambda, \gamma_0) \cdot E_j\left(\lambda, \gamma_0, \frac{T}{L}\right) \qquad (2-12)$$

其中：

$$C_i(\lambda, \gamma_0) = \frac{1}{x_i - x_{i+1}} \int_{x_i}^{x_{i+1}} \cos(2 \cdot \gamma_0 \cdot \lambda \cdot x)\,\mathrm{d}x +$$

$$\frac{1}{x_i - x_{i-1}} \int_{x_{i-1}}^{x_i} \cos(2 \cdot \gamma_0 \cdot \lambda \cdot x)\,\mathrm{d}x$$

$$= -\frac{1}{2 \cdot \gamma_0 \cdot \lambda}\left\{ \frac{1}{x_{i+1} - x_i}\begin{bmatrix} \sin(2 \cdot \gamma_0 \cdot \lambda \cdot x_{i+1}) \\ -\sin(2 \cdot \gamma_0 \cdot \lambda \cdot x_i) \end{bmatrix} - \frac{1}{x_i - x_{i-1}}\begin{bmatrix} \sin(2 \cdot \gamma_0 \cdot \lambda \cdot x_i) \\ -\sin(2 \cdot \gamma_0 \cdot \lambda \cdot x_{i-1}) \end{bmatrix} \right\}$$

$$E_j\left(\lambda, \gamma_0, \frac{T}{L}\right) = \int_{z_j}^{z_{j+1}} \mathrm{e}^{-2 \cdot \gamma_0 \frac{T}{L} \cdot \lambda^2 \cdot (1-z)}\left(1 - \frac{z_j - z}{z_j - z_{j+1}}\right)\mathrm{d}z +$$

$$\int_{z_{j-1}}^{z_j} \mathrm{e}^{-2 \cdot \gamma_0 \frac{T}{L} \cdot \lambda^2 \cdot (1-z)}\left(1 - \frac{z_j - z}{z_j - z_{j-1}}\right)\mathrm{d}z$$

$$= \frac{1}{\left(2 \cdot \gamma_0 \cdot \lambda^2 \cdot \frac{T}{L}\right)^2} \left\{ \frac{1}{z_{j+1} - z_j} \left[\begin{matrix} e^{-2 \cdot \gamma_0 \frac{T}{L} \cdot \lambda^2 \cdot (1-z_{j+1})} \\ -e^{-2 \cdot \gamma_0 \frac{T}{L} \cdot \lambda^2 \cdot (1-z_j)} \end{matrix} \right] - \frac{1}{z_j - z_{j-1}} \left[\begin{matrix} e^{-2 \cdot \gamma_0 \frac{T}{L} \cdot \lambda^2 \cdot (1-z_j)} \\ -e^{-2 \cdot \gamma_0 \frac{T}{L} \cdot \lambda^2 \cdot (1-z_{j-1})} \end{matrix} \right] \right\}$$

$$S_i(\lambda, \gamma_0) = \frac{1}{x_i - x_{i+1}} \int_{x_i}^{x_{i+1}} \sin(2 \cdot \gamma_0 \cdot \lambda \cdot x) \mathrm{d}x +$$

$$\frac{1}{x_i - x_{i-1}} \int_{x_{i-1}}^{x_i} \sin(2 \cdot \gamma_0 \cdot \lambda \cdot x) \mathrm{d}x$$

$$= \frac{1}{2 \cdot \gamma_0 \cdot \lambda} \left\{ \frac{1}{x_{i+1} - x_i} \left[\begin{matrix} \cos(2 \cdot \gamma_0 \cdot \lambda \cdot x_{i+1}) \\ -\cos(2 \cdot \gamma_0 \cdot \lambda \cdot x_i) \end{matrix} \right] - \frac{1}{x_i - x_{i-1}} \left[\begin{matrix} \cos(2 \cdot \gamma_0 \cdot \lambda \cdot x_i) \\ -\cos(2 \cdot \gamma_0 \cdot \lambda \cdot x_{i-1}) \end{matrix} \right] \right\}$$

$$E_j\left(\lambda, \gamma_0, \frac{T}{L}\right) = \int_{z_j}^{z_{j+1}} e^{-2 \cdot \gamma_0 \frac{T}{L} \cdot \lambda^2 \cdot (1-z)} \left(1 - \frac{z_j - z}{z_j - z_{j+1}}\right) \mathrm{d}z +$$

$$\int_{z_{j-1}}^{z_j} e^{-2 \cdot \gamma_0 \frac{T}{L} \cdot \lambda^2 \cdot (1-z)} \left(1 - \frac{z_j - z}{z_j - z_{j-1}}\right) \mathrm{d}z$$

$$= \frac{1}{\left(2 \cdot \gamma_0 \cdot \lambda^2 \cdot \frac{T}{L}\right)^2} \left\{ \frac{1}{z_{j+1} - z_j} \left[\begin{matrix} e^{-2 \cdot \gamma_0 \frac{T}{L} \cdot \lambda^2 \cdot (1-z_{j+1})} \\ -e^{-2 \cdot \gamma_0 \frac{T}{L} \cdot \lambda^2 \cdot (1-z_j)} \end{matrix} \right] - \frac{1}{z_j - z_{j-1}} \left[\begin{matrix} e^{-2 \cdot \gamma_0 \frac{T}{L} \cdot \lambda^2 \cdot (1-z_j)} \\ -e^{-2 \cdot \gamma_0 \frac{T}{L} \cdot \lambda^2 \cdot (1-z_{j-1})} \end{matrix} \right] \right\}$$

程序中的处理方法如下：

$$R_w = \frac{8 \cdot \rho \cdot g}{\pi} \cdot \frac{B^2 \cdot T^2}{L} \cdot \frac{\gamma_0}{2} \cdot$$

$$\mathrm{integral}\left\{ [P(u_k)^2 + Q(u_k)^2] \frac{(u_k^2 + 1)^2}{\sqrt{u_k^2 + 2}} \right\}, \ u_k \in [0, 2]$$

$$(2-13)$$

$$P(\lambda_k) = \sum_i \sum_j y_{ij} \cdot C_i(\lambda_k, \gamma_0) \cdot E_j\left(\lambda_k, \gamma_0, \frac{T}{L}\right);$$

$$\lambda_k = u_k^2 + 1; x_i \in [0, 1]; z_j \in [0, 1]; y_{ij} \in [0, 1];$$

$$Q(\lambda_k) = \sum_i \sum_j y_{ij} \cdot S_i(\lambda_k, \gamma_0) \cdot E_j\left(\lambda_k, \gamma_0, \frac{T}{L}\right);$$

$$\lambda_k = u_k^2 + 1_\circ$$

其中：

$$C_i(\lambda, \gamma_0) = \frac{1}{x_i - x_{i+1}} \int_{x_i}^{x_{i+1}} \cos(2 \cdot \gamma_0 \cdot \lambda \cdot x) \mathrm{d}x +$$

$$\frac{1}{x_i - x_{i-1}} \int_{x_{i-1}}^{x_i} \cos(2 \cdot \gamma_0 \cdot \lambda \cdot x) \mathrm{d}x$$

$$= -\frac{1}{2 \cdot \gamma_0 \cdot \lambda} \left\{ \frac{1}{x_{i+1} - x_i} \begin{bmatrix} \sin(2 \cdot \gamma_0 \cdot \lambda \cdot x_{i+1}) \\ -\sin(2 \cdot \gamma_0 \cdot \lambda \cdot x_i) \end{bmatrix} \\ -\frac{1}{x_i - x_{i-1}} \begin{bmatrix} \sin(2 \cdot \gamma_0 \cdot \lambda \cdot x_i) \\ -\sin(2 \cdot \gamma_0 \cdot \lambda \cdot x_{i-1}) \end{bmatrix} \right\}$$

$$S_i(\lambda, \gamma_0) = \frac{1}{x_i - x_{i+1}} \int_{x_i}^{x_{i+1}} \sin(2 \cdot \gamma_0 \cdot \lambda \cdot x) \mathrm{d}x +$$

$$\frac{1}{x_i - x_{i-1}} \int_{x_{i-1}}^{x_i} \sin(2 \cdot \gamma_0 \cdot \lambda \cdot x) \mathrm{d}x$$

$$= \frac{1}{2 \cdot \gamma_0 \cdot \lambda} \left\{ \frac{1}{x_{i+1} - x_i} \begin{bmatrix} \cos(2 \cdot \gamma_0 \cdot \lambda \cdot x_{i+1}) \\ -\cos(2 \cdot \gamma_0 \cdot \lambda \cdot x_i) \end{bmatrix} \\ -\frac{1}{x_i - x_{i-1}} \begin{bmatrix} \cos(2 \cdot \gamma_0 \cdot \lambda \cdot x_i) \\ -\cos(2 \cdot \gamma_0 \cdot \lambda \cdot x_{i-1}) \end{bmatrix} \right\}$$

$$E_j\left(\lambda, \gamma_0, \frac{T}{L}\right) = \int_{z_j}^{z_{j+1}} \mathrm{e}^{-2 \cdot \gamma_0 \frac{T}{L} \cdot \lambda^2 \cdot (1-z)} \left(1 - \frac{z_j - z}{z_j - z_{j+1}}\right) \mathrm{d}z +$$

$$\int_{z_{j-1}}^{z_j} \mathrm{e}^{-2 \cdot \gamma_0 \frac{T}{L} \cdot \lambda^2 \cdot (1-z)} \left(1 - \frac{z_j - z}{z_j - z_{j-1}}\right) \mathrm{d}z$$

$$= \frac{1}{\left(2 \cdot \gamma_0 \cdot \lambda^2 \cdot \frac{T}{L}\right)^2} \left\{ \frac{1}{z_{j+1}-z_j} \begin{bmatrix} \mathrm{e}^{-2\cdot\gamma_0\frac{T}{L}\cdot\lambda^2\cdot(1-z_{j+1})} \\ -\mathrm{e}^{-2\cdot\gamma_0\frac{T}{L}\cdot\lambda^2\cdot(1-z_j)} \end{bmatrix} - \frac{1}{z_j-z_{j-1}} \begin{bmatrix} \mathrm{e}^{-2\cdot\gamma_0\frac{T}{L}\cdot\lambda^2\cdot(1-z_j)} \\ -\mathrm{e}^{-2\cdot\gamma_0\frac{T}{L}\cdot\lambda^2\cdot(1-z_{j-1})} \end{bmatrix} \right\}$$

兴波阻力系数与兴波阻力公式如下：

$$C_w = \frac{\gamma_0}{2} \cdot \mathrm{integral}\left\{ \left[P\left(u_k\right)^2 + Q\left(u_k\right)^2 \right] \frac{(u_k^2+1)^2}{\sqrt{u_k^2+2}} \right\}, \ u_k \in [0,2] \tag{2-14}$$

$$R_w = \frac{8 \cdot \rho \cdot g}{\pi} \cdot \frac{B^2 \cdot T^2}{L} \cdot C_w, \ u_k \in [0,2] \tag{2-15}$$

2.2　Rankine 源法

2.2.1　基本方程

　　Rankine 源法是一种兴波阻力数值计算方法，它是以叠模绕流代替了薄船理论中的均匀流动。取固定在船体上的直角坐标系，X 轴、Y 轴取在未扰动的静水面上，X 轴沿着均匀来流指向船尾，Y 轴指向右舷，Z 轴垂直向上，如图2-5所示。

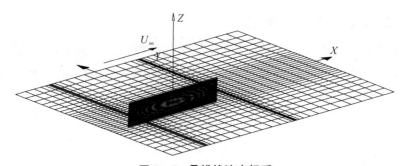

图 2-5　叠模扰流坐标系

　　船体周围的速度势 ϕ 由叠模绕流的速度势 Φ 和考虑自由面影响的波动速度势 φ 两部分组成，即

$$\phi = \Phi + \varphi \tag{2-16}$$

假设流体是理想流体，且无旋，则船舶兴波问题满足 Laplace 方程及以下的边界条件：

$$\nabla^2(\Phi + \varphi) = 0 \tag{2-17}$$

（1）船体边界条件：船体表面法线方向的速度分量为零，也就是流线不能穿入船体内部：

$$\vec{V}_{\hat{n}} = \nabla(\Phi + \varphi) \tag{2-18}$$

式中，$\hat{n} = n_x \hat{i} + n_y \hat{j} + n_z \hat{k}$ 表示指向船体的法线方向。

（2）自由面条件：自由面的速度势满足动力学条件和运动学条件。

$$g\zeta + \frac{1}{2}\nabla\phi \cdot \nabla\phi = \frac{1}{2}U_\infty^2 \quad 在 z = \zeta(x, y) 上 \tag{2-19}$$

$$\phi_x\zeta_x + \phi_y\zeta_y - \phi_z = 0 \quad 在 z = \zeta(x, y) 上 \tag{2-20}$$

从式（2-19）和式（2-20）中消去波高，得到下式：

$$\frac{1}{2}\phi_x(\nabla\phi \cdot \nabla\phi)_x + \frac{1}{2}\phi_y(\nabla\phi \cdot \nabla\phi)_y + g\phi_z = 0 \quad 在 z = \zeta(x, y) 上 \tag{2-21}$$

该式还必须满足船体远前方无波的辐射条件，以体现上游扰动只向下游传播，而下游扰动不直接影响上游的物理事实。

2.2.2　自由面条件的线性化

在自由面条件式（2-21）中，$\nabla\phi$ 中的非线性项在自由面上得到满足，叠模解 Φ 可以通过忽略 φ 中的高次项而获得线性化的自由面条件，扰动势 φ 相对叠模势 Φ 是个小量。即

$$\Phi_z = 0 \quad 在 z = 0 上 \tag{2-22}$$

$$\frac{1}{2}\phi_x(\phi_x^2 + \phi_y^2 + \phi_z^2)_x + \frac{1}{2}\phi_y(\phi_x^2 + \phi_y^2 + \phi_z^2)_y + g\phi_z = 0 \tag{2-23}$$

将式（2-16）代入式（2-23）中，得

$$\frac{1}{2}(\Phi + \varphi)_x[(\Phi + \varphi)_x^2 + (\Phi + \varphi)_y^2 + (\Phi + \varphi)_z^2]_x +$$

$$\frac{1}{2}(\Phi+\varphi)_y\big[(\Phi+\varphi)_x^2+(\Phi+\varphi)_y^2+(\Phi+\varphi)_z^2\big]_y+g(\Phi+\varphi)_z=0.$$

$$(2-24)$$

利用式(2-22),并忽略自由面条件式(2-24)中波动势 φ 的高次项,则叠模解 Φ 可以线性化为下列形式:

$$\frac{1}{2}\Phi_x(\Phi_x^2+\Phi_y^2)_x+\frac{1}{2}\Phi_y(\Phi_x^2+\Phi_y^2)_y+\Phi_x(\Phi_x\varphi_x+\Phi_y\varphi_y)_x+$$

$$\Phi_y(\Phi_x\varphi_x+\Phi_y\varphi_y)_y+\frac{1}{2}\varphi_x(\Phi_x^2+\Phi_y^2)_x+ \qquad (2-25)$$

$$\frac{1}{2}\varphi_y(\Phi_x^2+\Phi_y^2)_y+g\varphi_z=0$$

在 $z=0$ 上,对任何方程 $F(x,y)=0$ 有

$$\Phi_x F_X+\Phi_y F_y=\Phi_l F_l \qquad (2-26)$$

式中,下标 l 表示叠模势 Φ 沿着流线方向在对称面 $z=0$ 平面上的速度梯度,则上式可以写成下列形式:

$$\frac{1}{2}\Phi_l(\Phi_l^2)_l+\Phi_l(\Phi_l\varphi_l)_l+\frac{1}{2}\varphi_l(\Phi_l^2)_l+g\varphi_z=0 \quad 在 z=0 上 \quad (2-27)$$

进一步简化上面方程,得

$$\Phi_l^2\varphi_{ll}+2\Phi_l\Phi_{ll}\varphi_l+g\varphi_z=-\Phi_l^2\Phi_{ll} \quad 在 z=0 上 \qquad (2-28)$$

2.2.3 自由面条件的求解方法

在叠模船体表面和未扰动自由面上分别用 Rankine 源来表达速度势 Φ 和 φ。

$$\Phi(x,y,z)=U_\infty x-\iint\limits_{S_B}\sigma_B\,\frac{1}{r}\mathrm{d}S \qquad (2-29)$$

$$\varphi(x,y,z)=-\iint\limits_{S_F}\sigma_F\,\frac{1}{r}\mathrm{d}S-\iint\limits_{S_B}\Delta\sigma_B\,\frac{1}{r}\mathrm{d}S \qquad (2-30)$$

其中:

$$r = \sqrt{(x-\xi)^2 + (y-\eta)^2 + (z-\zeta)^2}$$

$$r' = \sqrt{(x-\xi)^2 + (y-\eta)^2 + z^2}$$

式(2-30)的扰动势 φ 是同时考虑到自由面和船体的相互影响,在当前的数值算法中,叠模方程式是根据式(2-30)右边的第二项合并并修改的。叠模解的流动是通过边值问题的数值解获得的,该问题属于叠模船体的 Neumann 型边界条件,现在从式(2-18)和式(2-29)中可以得到下式:

$$\nabla \left(U_\infty x - \iint\limits_{S_B} \sigma_B \frac{1}{r} \mathrm{d}S \right) \cdot \hat{n} = 0 \tag{2-31}$$

为了获得上述方程的近似解,叠模船体表面 S_B 被分成 N_B 个面元,在面元中心的源强 σ_B 假定是个常数,于是上面的方程在第 i 个面元可以表达为下列形式:

$$-2\pi\sigma_B(i) - \sum_{\substack{j=1 \\ j \neq i}}^{N_B} \iint\limits_{S_B} \sigma_B(j) \frac{\partial}{\partial n}\left(\frac{1}{r}\right) \mathrm{d}S = \hat{n}(i)U_\infty \tag{2-32}$$

这个方程在整个船体表面 S_B 上是第二类 Fredholm 积分方程,简化后,上面方程可以写成:

$$-2\pi\sigma_B(i) + \sum_{\substack{j=1 \\ j \neq i}}^{N_B} \sigma_B(j) \left[n_{xi} \frac{\partial}{\partial x}\iint\limits_{S_B}\left(\frac{1}{r}\right)\mathrm{d}S + n_{yi}\frac{\partial}{\partial y}\iint\limits_{S_B}\left(\frac{1}{r}\right)\mathrm{d}S + \right.$$

$$\left. n_{zi}\frac{\partial}{\partial z}\iint\limits_{S_B}\left(\frac{1}{r}\right)\mathrm{d}S + \right] = \hat{n}(i)U_\infty \tag{2-33}$$

$$-2\pi\sigma_B(i) + \sum_{\substack{j=1 \\ j \neq i}}^{N_B} \sigma_B(j)(n_{xi}V_{xij} + n_{yi}V_{yij} + n_{zi}V_{zij}) = \hat{n}(i)U_\infty, i = 1 - N_B \tag{2-34}$$

叠模解 σ_B 是从 Hess-Smith 方法中通过计算速度势分量 V_x、V_y 和 V_z 获得的,当自由面是刚性的,航速限制在零 Froude 时,这个叠模解是接近自由面的解。从式(2-29)中获得叠模速度势 Φ 以后,叠模流线是通过水线面追踪获得的。这些流线不能穿入船体内部,同时,这些流线用于生成自由面网格。

式(2-28)给出自由面边界条件,同时指定 l 是沿着流线方向的速度梯度,并与叠模船体流线相区别,则通过下式计算得到速度势流向。

$$\varphi_l = \frac{\Phi_x}{\sqrt{\Phi_x^2 + \Phi_y^2}} \varphi_x + \frac{\Phi_y}{\sqrt{\Phi_x^2 + \Phi_y^2}} \varphi_y \qquad (2-35)$$

注意到这种方法的区别在于通过叠模流方向近似代替自由面流方向，如果自由面离散成 N_F 个面元，在自由面第 i 个面元上，式(2-28)中的 φ_l 和 φ_{ll} 可以表达为式(2-36)和式(2-37)：

$$\varphi_l(i) = \sum_{j=1}^{N_F} \sigma_F(j) L_F(ij) + \sum_{j=1}^{N_B} \Delta\sigma_B(j) L_B(ij) \qquad (2-36)$$

$$\varphi_{ll}(i) = \sum_{j=1}^{N_F} \sigma_F(j) CL_F(ij) + \sum_{j=1}^{N_B} \Delta\sigma_B(j) CL_B(ij) \qquad (2-37)$$

其中：

$$L_B(ij) = -\iint\limits_{S_B} \frac{\Phi_x}{\sqrt{\Phi_x^2 + \Phi_y^2}} \frac{\partial}{\partial x}\left(\frac{1}{r}\right) \mathrm{d}S - \iint\limits_{S_B} \frac{\Phi_y}{\sqrt{\Phi_x^2 + \Phi_y^2}} \frac{\partial}{\partial y}\left(\frac{1}{r}\right) \mathrm{d}S$$

$$L_F(ij) = -\iint\limits_{S_F} \frac{\Phi_x}{\sqrt{\Phi_x^2 + \Phi_y^2}} \frac{\partial}{\partial x}\left(\frac{1}{r'}\right) \mathrm{d}S - \iint\limits_{S_F} \frac{\Phi_y}{\sqrt{\Phi_x^2 + \Phi_y^2}} \frac{\partial}{\partial y}\left(\frac{1}{r'}\right) \mathrm{d}S$$

$$CL_B(ij) = \sum_{n=1}^{N-1} e_n L_B(i-n, j)$$

$$CL_F(ij) = \sum_{n=1}^{N-1} e_n L_F(i-n, j)$$

在上式中，e_n 是 N 点上游有限差分算子，计算方法如下。

为了满足辐射条件，沿着叠模流线速度势的两个派生相是通过有限差分算子来表达的，对于函数 $f(x, y, z)$ 的派生相，在自由表面上沿着流线 l 方向，通过全局坐标系能够表达成下列形式：

$$\frac{\mathrm{d}f(i, j)}{\mathrm{d}l} = f_l(i, j) = \frac{\Phi_{xij}}{\sqrt{\Phi_{xij}^2 + \Phi_{yij}^2}} f_x(i, j) + \frac{\Phi_{yij}}{\sqrt{\Phi_{xij}^2 + \Phi_{yij}^2}} f_y(i, j)$$

$$(2-38)$$

$$\frac{\mathrm{d}f(i, j)}{\mathrm{d}x} = f_x(i, j) = \frac{\mathrm{d}f(i, j)}{\mathrm{d}\xi} \frac{\mathrm{d}\xi}{\mathrm{d}x} + \frac{\mathrm{d}f(i, j)}{\mathrm{d}\eta} \frac{\mathrm{d}\eta}{\mathrm{d}x} \qquad (2-39)$$

$$\frac{\mathrm{d}f(i,j)}{\mathrm{d}y} = f_y(i,j) = \frac{\mathrm{d}f(i,j)}{\mathrm{d}\xi} \frac{\mathrm{d}\xi}{\mathrm{d}y} + \frac{\mathrm{d}f(i,j)}{\mathrm{d}\eta} \frac{\mathrm{d}\eta}{\mathrm{d}y} \qquad (2-40)$$

这个函数的引入是通过单点上游有限差分算子来计算的。

$$\frac{\mathrm{d}x}{\mathrm{d}\xi} = \begin{cases} x(i+1) - x(i) & (i=1) \\ x(i) - x(i-1) & (i=2) \\ \dfrac{[3x(i) - 4x(i-1) + x(i-2)]}{2} & (i=3) \\ \dfrac{[11x(i) - 18x(i-1) + 9x(i-2) - 2x(i-3)]}{6} & (i=4) \end{cases}$$

$$(2-41)$$

$$\frac{\mathrm{d}y}{\mathrm{d}\xi} = \begin{cases} y(i+1) - y(i) & (i=1) \\ y(i) - y(i-1) & (i=2) \\ \dfrac{3y(i) - 4y(i-1) + y(i-2)}{2} & (i=3) \\ \dfrac{[11y(i) - 18y(i-1) + 9y(i-2) - 2y(i-3)]}{6} & (i=4) \end{cases}$$

$$(2-42)$$

$$\frac{\mathrm{d}f}{\mathrm{d}\xi} = \begin{cases} f_{i+1,j} - f_{i,j} & (i=1) \\ f_{i,j} - f_{i-1,j} & (i=2) \\ \dfrac{3f_{i,j} - 4f_{i-1,j} + f_{i-2,j}}{2} & (i=3) \\ \dfrac{11f_{i,j} - 18f_{i-1,j} + 9f_{i-2,j} - 2f_{i-3,j}}{6} & (i=4) \end{cases} \qquad (2-43)$$

同理，$\mathrm{d}x/\mathrm{d}z$、$\mathrm{d}y/\mathrm{d}z$ 和 $\mathrm{d}f/\mathrm{d}z$ 也能够得到，在自由面上关联坐标系 (x, y, z) 和 (ξ, η, ζ) 的关系在下面给出：

$$\frac{\partial \xi}{\partial x} = \frac{1}{|J|} \frac{\partial y}{\partial \eta}, \ \frac{\partial \eta}{\partial x} = \frac{1}{|J|} \frac{\partial y}{\partial \xi}, \ \frac{\partial \xi}{\partial y} = \frac{1}{|J|} \frac{\partial x}{\partial \eta}, \ \frac{\partial \eta}{\partial y} = \frac{1}{|J|} \frac{\partial x}{\partial \xi}$$

$$|J| = \frac{\partial x}{\partial \xi} \frac{\partial y}{\partial \eta} - \frac{\partial x}{\partial \eta} \frac{\partial y}{\partial \xi} \qquad (2-44)$$

则在自由面上的垂向速度分量可以表示为

$$\phi_z = \begin{cases} -2\pi\sigma_F(i) & (i=j) \\ 0 & (i \neq j) \end{cases}, \qquad (2-45)$$

将式(2-36),式(2-37)和式(2-45)代入式(2-28)中,得到关于σ_F和$\triangle\sigma_B$的线性方程组式(2-46):

$$\Phi_l^2(i)\left[\sum_{j=1}^{N_F}\sigma_F(j)CL_F(ij) + \sum_{j=1}^{N_B}\Delta\sigma_B(j)CL_B(ij)\right] +$$

$$2\Phi_l(i)\Phi_{ll}(i)\left[\sum_{j=1}^{N_F}\sigma_F(j)L_F(ij) + \sum_{j=1}^{N_B}\Delta\sigma_B(j)L_B(ij)\right] - \qquad (2-46)$$

$$2\pi g\sigma_F(i) = -\Phi_l^2(i)\Phi_{ll}(i)$$

重新整理上面方程,得到式(2-47):

$$\sum_{j=1}^{N_F}\sigma_F(j)A_F(ij) + \sum_{j=1}^{N_B}\Delta\sigma_B(j)A_B(ij) - 2\pi g\sigma_F(i) = B(i),\ i = 1 - N_F$$

$$(2-47)$$

在这里:

$$A_B(ij) = \Phi_l^2(i)CL_B(ij) + 2\Phi_l(i)\Phi_{ll}(i)L_B(ij)$$

$$A_F(ij) = \Phi_l^2(i)CL_F(ij) + 2\Phi_l(i)\Phi_{ll}(i)L_F(ij)$$

$$B(i) = -\Phi_l^2(i)\Phi_{ll}(i)$$

将式(2-29)和式(2-30)代入式(2-18)中,得

$$\sum_{j=1}^{N_F}\sigma_F(j)V_F(ij) + \sum_{j=1}^{N_B}\Delta\sigma_B(i)V_B(ij) = 0$$

$$i = N_F + 1 \sim N_B + N_F \qquad (2-48)$$

在这里:

$$V_B(ij) = -\iint\limits_{S_B}\frac{\partial}{\partial n}\left(\frac{1}{r}\right)\mathrm{d}S = -\iint\limits_{S_B}\left[n_x\frac{\partial}{\partial x}\left(\frac{1}{r}\right) + n_y\frac{\partial}{\partial y}\left(\frac{1}{r}\right) + n_z\frac{\partial}{\partial z}\left(\frac{1}{r}\right)\right]\mathrm{d}S$$

$$V_F(ij) = -\iint\limits_{S_F}\frac{\partial}{\partial n}\left(\frac{1}{r'}\right)\mathrm{d}S = -\iint\limits_{S_F}\left[n_x\frac{\partial}{\partial x}\left(\frac{1}{r'}\right) + n_y\frac{\partial}{\partial y}\left(\frac{1}{r'}\right) + n_z\frac{\partial}{\partial z}\left(\frac{1}{r'}\right)\right]\mathrm{d}S$$

式(2-46)和式(2-48)的解是通过迭代法获得的,故式(2-46)可以写作:

$$\sum_{j=1}^{N_F} \sigma_F(j)A_F(ij) - 2\pi g\sigma_F(i) = B(i) - \sum_{j=1}^{N_B} \Delta\sigma_B(j)A_B(ij) \quad (2-49)$$

对于这个初值问题,在整个船体表面的源分布可以通过叠模解来近似表达:

$$\Delta\sigma_B = 0 \quad (2-50)$$

为了寻找 σ_F 的一阶近似解,把式(2-50)代入式(2-49)中,得

$$\sum_{j=1}^{N_F} \sigma_F^{(1)}(j)A_F(ij) - 2\pi g\sigma_F^{(1)}(i) = B(i) \quad (2-51)$$

把式(2-51)的解 $\sigma_F^{(1)}$ 代入式(2-48)中,得

$$\sum_{j=1}^{N_F} \sigma_F^{(1)}(j)V_F(ij) + \sum_{j=1}^{N_B} \Delta\sigma_B^{(1)}(i)V_B(ij) = 0 \quad (2-52)$$

从式(2-52)中得到一阶近似解 $\triangle^{(1)}\sigma_B$ 后,二阶近似解 σ_F 可以从式(2-49)中获得:

$$\sum_{j=1}^{N_F} \sigma_F^{(2)}(j)A_F(ij) - 2\pi g\sigma_F^{(2)}(i) = B(i) - \sum_{j=1}^{M_1} \Delta\sigma_B^{(1)}(j)A_B(ij) \quad (2-53)$$

把式(2-53)的解 $\sigma_F^{(2)}$ 代入式(2-48)中,得到 $\triangle\sigma_B$ 的二阶近似解:

$$\sum_{j=1}^{N_F} \sigma_F^{(2)}(j)V_F(ij) + \sum_{j=1}^{M_B} \Delta\sigma_B^{(2)}(i)V_B(ij) = 0 \quad (2-54)$$

2.2.4　计算兴波阻力

船体表面的压力可以用船体周围的速度势来表示,用通过满足自由面边界条件的伯努力方程来表达:

$$p + \rho gz + \frac{1}{2}\rho \nabla\phi\nabla\phi = p_\infty + \frac{1}{2}\rho U_\infty^2 \quad (2-55)$$

整理后得

$$p - p_\infty = \frac{1}{2}\rho U_\infty^2 - \rho gz - \frac{1}{2}\rho \nabla(\Phi+\varphi)\cdot\nabla(\Phi+\varphi) \quad (2-56)$$

展开后得

$$p - p_\infty = \frac{1}{2}\rho(U_\infty^2 - 2gz - \Phi_x^2 - \Phi_y^2 - \Phi_z^2 - 2\Phi_x\varphi_x - 2\Phi_y\varphi_y - 2\Phi_z\varphi_z)$$

$$(2-57)$$

压力系数可以表示为

$$C_p = \frac{p - p_\infty}{(1/2)\rho U_\infty^2} = \frac{1}{U_\infty^2}(U^2 - 2gz - \Phi_x^2 - \Phi_y^2 - \Phi_z^2 - 2\Phi_x\varphi_x - 2\Phi_y\varphi_y - 2\Phi_z\varphi_z)$$

$$(2-58)$$

假设船体内部面元的压力是个常数,则兴波阻力能够通过式(2-59)求得

$$C_w = \frac{R_w}{1/2\rho U_\infty^2 L^2} = \frac{1}{L^2}\sum_{i=1}^{N_B/2} C_p(i)n_{xi}\Delta S_i \qquad (2-59)$$

式中,$\triangle S_i$ 是船体面元的面积;n_{xi} 是面元单位法线 x 方向的分量,则波形能够通过式(2-60)得

$$\zeta(x, y) = \frac{1}{2g}(U_\infty^2 - \Phi_x^2 - \Phi_y^2 - 2\Phi_x\varphi_x - 2\Phi_y\varphi_y) \qquad (2-60)$$

2.2.5 Rankine 源法网格划分

网格划分是采用 Rankine 源法进行兴波阻力数值计算中的重要环节之一,因为不同形状的网格会对计算结果产生一定的影响。Rankine 源法的数值离散不仅要在船体与流体交界面上进行,还要在整个自由面上进行。但自由面通常被认为是无穷远,数值离散只在船舶引起干扰的自由面附近进行。上游较远处的自由面区域认为船舶的干扰未波及;下游及侧边较远处的自由面波动影响呈衰减形式,即随着自由面区域离船舶之间距离的增大,受到船舶的干扰越来越小。因此,在侧边及下游方向的自由面上,只要在数值离散时考虑足够大的区域,就可以认为自由面对船舶绕流场的影响均被考虑进去了。图 2-6 给出了船体和自由面上的网格划分。

根据 Dawson 的网格划分经验,自由面网格的区域半宽取约为 $3L/8$,上游伸展 $L/4$,下游向后延伸 0.25 个波长,整个水面网格顺流倾斜 $45°$,船首和船尾附近网格应加密。Musker 建议自由面网格向前伸展 $1.0L$,船尾方向伸展 $1.5L$,船宽方向伸展 $1.5L$(L 是船长)。本节在总结前人经验的基础上,根据所选择船型的实际情况来划分自由面网格和船体网格。

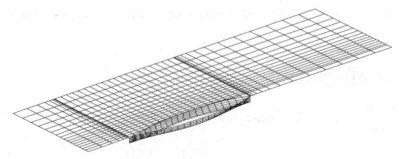

图 2 - 6   Rankine 源法网格划分

在 Dawson 方法中，船体网格划分是将船体表面离散成许多四边形四节点单元。在艏艉处以及底部，必要时采用三角形单元。通过 Hess-Smith 法计算叠模解，先给出自由面上组成网格的流线根数，每根流线上的点数，第一根流线上各点的坐标值，以及每根流线起始位置间隔距离，其他流线上未知各点的坐标由叠模解计算获得。算出所有流线上的点后，由相邻的点按顺序组成自由面网格。自由面网格划分有直角区和后掠区之分。采用四点沿流线迎风差分格式来满足远前方无波的辐射条件，为避免艉部波幅过高，Dawson 在自由面网格的最后面几排网格用二点差分格式计算。本节参照 Dawson 的经验来生成网格。

2.2.6   Rankine 源法计算程序流程

首先，输入船型数据，该数据需提供船体型值和少量的输入参数，这些参数包括船长、流体质量密度、航速、自由面计算区域（以下的数据表为 S60 船型的数据输入格式）。然后，自动生成船体网格；H.S. 程序模块采用边界元法计算势流场，为 Rankine 源程序模块提供船体周围在无波、无黏性假定下的速度场和自由面上的流线分布；通过龙格-库塔法获得自由面流线，采用流线跟踪法生成自由面网格；Rankine 程序模块采用边界单元和有限差分相结合的方法，提供船舶周围在无黏性、有波假定下的速度场、压力场、兴波阻力和波形。最后，将计算结果（船体周围流场的速度、压力、波阻、波形和流线等）以数据文件形式输出。Rankine 源法流程如图 2 - 7 所示。

为了验证程序的可靠性，本节分别计算了 Wigley 数学船型和 S60 船型的兴波阻力，并描绘出自由面波形图，计算结果与试验结果（该试验数据来自日本大阪大学试验室）比较吻合。同时，还将本节的计算结果与试验值以及前人的计算结果相比较。

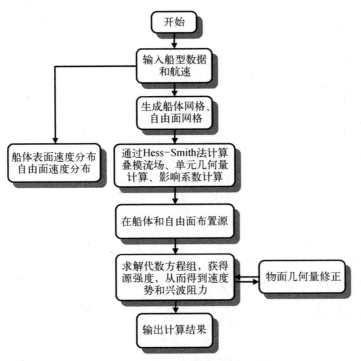

图 2-7　Rankine 源法流程

单元数	节点数				流体质量密度	船长
100	126	1	1	1	101.900	2.000
	0	1	1			

1 000	−1.000 0	0.000 0	0.107 0	节点坐标值(x, y, z)
2 000	−1.000 0	0.000 0	0.080 3	
3 000	−1.000 0	0.000 0	0.053 5	
4 000	−1.000 0	0.000 0	0.026 7	
5 000	−1.000 0	0.000 0	0.008 0	
6 000	−1.000 0	0.000 0	0.000 0	
……	……	……	……	
121 000	1.000 0	0.000 0	0.107 0	
122 000	1.000 0	0.000 0	0.080 3	
123 000	1.000 0	0.000 0	0.053 5	
124 000	1.000 0	0.000 0	0.026 7	
125 000	1.000 0	0.000 0	0.008 0	
126 000	1.000 0	0.000 0	0.000 0	

船体网格节点

船体网格单元

$$
\begin{cases}
1 & 0 & 1 & 2 & 8 & 7 \quad \text{单元上的节点号} \\
2 & 0 & 2 & 3 & 9 & 8 \\
3 & 0 & 3 & 4 & 10 & 9 \\
4 & 0 & 4 & 5 & 11 & 10 \\
5 & 0 & 5 & 6 & 12 & 11 \\
6 & 0 & 7 & 8 & 14 & 13 \\
\cdots & \cdots & \cdots & \cdots & \cdots & \cdots \\
95 & 0 & 113 & 114 & 120 & 119 \\
96 & 0 & 115 & 116 & 122 & 121 \\
97 & 0 & 116 & 117 & 123 & 122 \\
98 & 0 & 117 & 118 & 124 & 123 \\
99 & 0 & 118 & 119 & 125 & 124 \\
100 & 0 & 119 & 120 & 126 & 125
\end{cases}
$$

航速 (x, y, z)

1.239 61 　　　　0.000 00 　　　　0.000 00

流线根数　每根流线上的节点数

16 　　　　40 　　　　0

沿着船体第一根流线的坐标

$$
\begin{cases}
1 & -1.639\ 72 & 0.000\ 00 \quad \text{沿着船体第一根流线的坐标值}(x,y) \\
2 & -1.381\ 69 & 0.000\ 00 \\
3 & -1.208\ 50 & 0.000\ 00 \\
4 & -1.101\ 39 & 0.000\ 00 \\
5 & -1.041\ 92 & 0.000\ 00 \\
6 & -1.013\ 57 & 0.000\ 00 \\
\cdots & \cdots & \cdots \\
35 & 1.702\ 03 & 0.000\ 00 \\
36 & 2.000\ 00 & 0.000\ 00 \\
37 & 2.297\ 97 & 0.000\ 00 \\
38 & 2.595\ 94 & 0.000\ 00 \\
39 & 2.893\ 90 & 0.000\ 00 \\
40 & 3.191\ 87 & 0.000\ 00
\end{cases}
$$

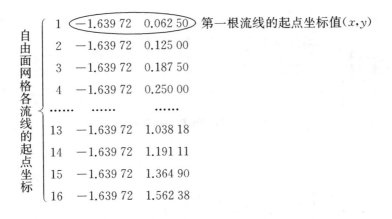

自由面网格各流线的起点坐标

1	−1.639 72	0.062 50	第一根流线的起点坐标值(x,y)
2	−1.639 72	0.125 00	
3	−1.639 72	0.187 50	
4	−1.639 72	0.250 00	
……	……	……	
13	−1.639 72	1.038 18	
14	−1.639 72	1.191 11	
15	−1.639 72	1.364 90	
16	−1.639 72	1.562 38	

2.2.7　算例

1）Wigley 船型

Wigley 船型是试验和数值计算常用到的船型,其船体表面可以用数学方程式来表达。主要参数取 $L=2.0$,$B/L=0.1$,$T/L=0.062\,5$,船体表面定义为 $y=0.1(1-\xi^2)\times(1-\zeta^2)$。其中,$\xi=x/L$,$\zeta=Z/T$。船体表面共划分为 160 个面元,自由面划分为 690 个面元。Wigley 船型船体横剖线和水线如图 2-8 和图 2-9 所示;Wigley 船型自由面网格划分如图 2-10 所示;Wigley 船型自由面波形等高线如图 2-11 所示;Wigley 船型兴波阻力系数曲线比较如图 2-12 所示;兴波阻力系数计算值与试验值比较如图 2-13 所示。

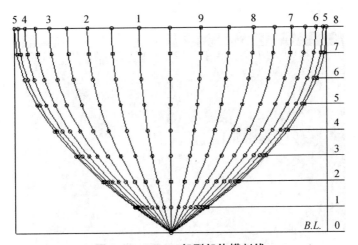

图 2-8　Wigley 船型船体横剖线

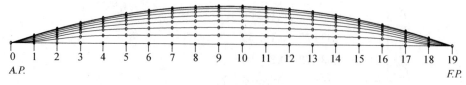

图 2 - 9 Wigley 船型船体水线

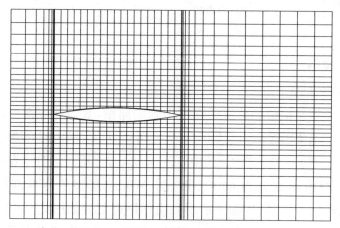

图 2 - 10 Wigley 船型自由面网格划分

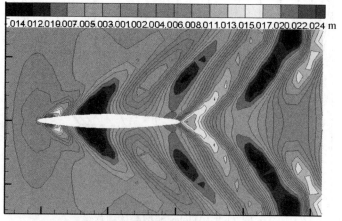

图 2 - 11 Wigley 船型自由面波形等高线($Fr = 0.35$)

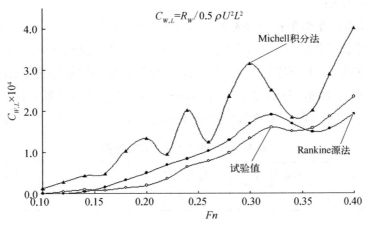

图 2－12　Wigley 船型兴波阻力系数曲线比较

从图 2－12 的兴波阻力系数曲线图中可以看出，对于 Wigley 船型，Rankine 源法计算的曲线光滑平稳，其计算结果更接近试验值，但和试验值还有一定的差距，主要是由于计算时没有考虑黏性和非线性因素的影响；而 Michell 积分法曲线出现很大的波动，与试验值曲线相差较远。从自由面波形图上可以看出，在高傅氏数时能够再现开尔文波系形状。

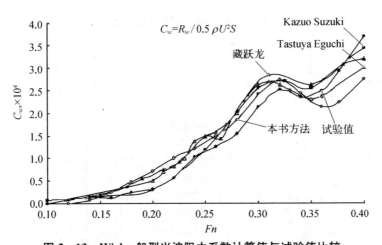

图 2－13　Wigley 船型兴波阻力系数计算值与试验值比较

从图 2－13 的兴波阻力系数计算值和试验值比较曲线中可以看出，不同作者计算的兴波阻力系数曲线波动趋势和试验曲线相一致，采用本节方法计算的兴波阻力系数曲线在 $Fn＝0.25\sim0.34$ 之间很接近试验曲线，所以采用本节方法来评价像 Wigley 这样瘦长船型的阻力性能，其计算结果还是比较可靠的。

2）S60 船型

S60 船型也是数值模拟和船模试验常用的船型，其主要设计参数如表 2-1 所示。船体表面共划分 120 个面元，自由面划分 752 个面元，S60 船型船体横剖线和水线如图 2-14 和图 2-15 所示；S60 船型自由面网格划分如图 2-16 所示；S60 船型自由面波形如图 2-17 所示；S60 船型兴波阻力系数曲线如图 2-18 所示；S60 船型兴波阻力系数曲线计算值与试验值比较如图 2-19 所示。

表 2-1 S60 船型主要设计参数

船长 L/m	船宽 B/m	设计吃水 T/m	方形系数 C_b	设计航速 Fn
2.0	0.267	0.107	0.60	0.285

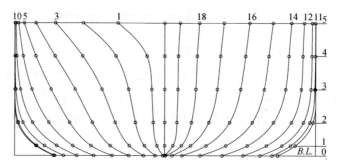

图 2-14 S60 船型船体横剖线

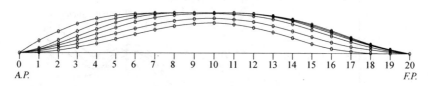

图 2-15 S60 船型船体水线

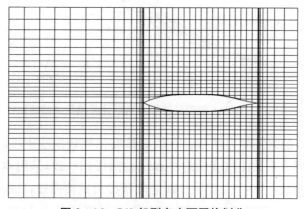

图 2-16 S60 船型自由面网格划分

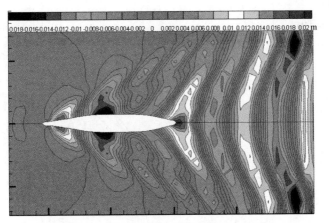

图 2-17 S60 船型自由面波形（$Fr=0.30$）

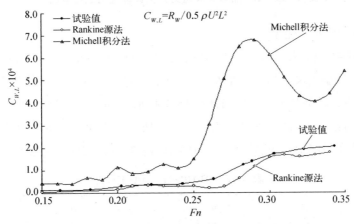

图 2-18 S60 船型兴波阻力系数曲线

　　从图 2-18 的兴波阻力系数曲线图中可以看出，对于 S60 船型，3 条曲线的变化趋势基本一致，Rankine 源法和试验值比较接近，但和试验值还有差距，主要是由于没有考虑非线性因素的影响。在傅氏数大于 0.24 以后，Michell 积分法计算的曲线出现了很大的波动，其原因是 Michell 积分是一种薄船理论，实际船舶都有一定的厚度，所以结果会出现很大的偏差。而从船行波的自由面波形图中可以看到，有明显的开尔文波系形状，出现了横波和散波。

　　从图 2-19 的兴波阻力系数计算值和试验值的比较曲线中可以看出，不同作者计算的兴波阻力系数曲线的波动趋势和试验曲线基本一致。其中，本节方法与铃木和夫方法计算的曲线很接近，而铃木和夫的计算结果已被许多理论和试验证实是准确的，并且有许多成果已正式发表，从而表明采用本节方法进行兴波阻力数值计算以及以后的船型优化都是有效和可取的。

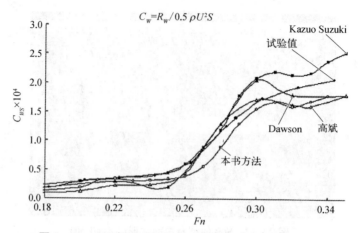

图 2-19 S60 船型兴波阻力系数计算值与试验值比较

3）DTMB5415 船型

DTMB5415 船型是国际上通用的数值模拟标准模型，有详细的试验数据。DTMB5415 船型主尺度和参数如表 2-2 所示，船体划分 2 664 个网格，自由面划分 4 100 个网格。DTMB5415 船型船体横剖线和水线如图 2-20 和图 2-21 所示，DTMB5415 船型自由面网格划分如图 2-22 所示，DTMB5415 船型波形等高线如图 2-23 所示，DTMB5415 船型兴波阻力系数计算值与试验值比较如图 2-24 所示。

表 2-2 DTMB5415 船型主尺度

船长 L_{wl}/m	型宽 B/m	吃水 d/m	排水体积 Δ/m^3	湿面积 S/m^2	设计航速 Fn
5.719	0.766	0.248	0.549	4.82	0.28

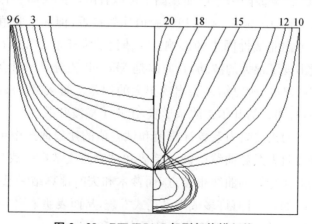

图 2-20 DTMB5415 船型船体横剖线

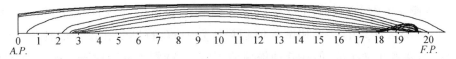

图 2 - 21　DTMB5415 船型船体水线曲线

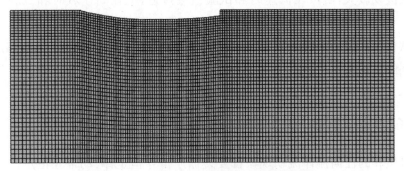

图 2 - 22　DTMB5415 船型自由面网格划分

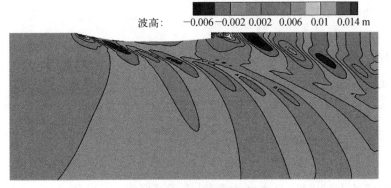

图 2 - 23　DTMB5415 船型波形等高线 $Fn=0.28$

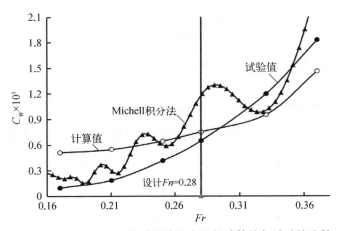

图 2 - 24　DTMB5415 船型兴波阻力系数计算值与试验值比较

从图 2-24 的兴波阻力系数计算值和试验值的比较曲线中可以看出，Rankine 源法计算的结果和试验值趋势比较一致，特别是在设计航速点 $Fn = 0.28$ 时，两者非常接近，但在其他航速差别较大，特别是低速时，而 Michell 积分法曲线波动较大，虽然在低速时和试验值较接近，但在高速域时和试验值相差甚远。

从自由面波形图中可以看出，呈现出非常明显的开尔文波系形状，与试验时观察到的波形基本一致。

2.3　CFD 基础理论

自然界的任何流体流动现象都要遵循质量守恒定律、动量守恒定律和能量守恒定律。如果流体流动处于湍流状态，系统还要遵守附加的湍流控制方程。本书所涉及的基本控制方程见如下所述。

2.3.1　质量守恒方程

该定律可描述为：单位时间内流体微元体中质量的增加，等于同一时间间隔内流入该微元体的净增量，进而可以得出质量守恒方程：

$$\frac{\partial \rho}{\partial t} + \frac{\partial(\rho u_x)}{\partial x} + \frac{\partial(\rho u_y)}{\partial y} + \frac{\partial(\rho u_z)}{\partial z} = 0 \tag{2-61}$$

如果流体不可压缩，且密度为常数，上式可变为

$$\frac{\partial u_x}{\partial x} + \frac{\partial u_y}{\partial y} + \frac{\partial u_z}{\partial z} = 0 \tag{2-62}$$

所以质量守恒方程又称为连续方程。

2.3.2　动量守恒方程(N-S 方程)

该定律可描述为：微元体中流体的动量对时间的变换率等于外界作用在该微元体上的各种力的和，该定律实际上就是牛顿第二定律。控制方程的表达式如下：

$$\frac{\partial u_x}{\partial t} + u_x \frac{\partial u_x}{\partial X} + u_y \frac{\partial u_x}{\partial Y} + u_z \frac{\partial u_x}{\partial Z} = X - \frac{1}{\rho} \frac{\partial p}{\partial X} + \nu \nabla^2 u_x \tag{2-63}$$

$$\frac{\partial u_y}{\partial t} + u_x \frac{\partial u_y}{\partial X} + u_y \frac{\partial u_y}{\partial Y} + u_z \frac{\partial u_y}{\partial Z} = Y - \frac{1}{\rho} \frac{\partial p}{\partial Y} + \nu \nabla^2 u_y \quad (2-64)$$

$$\frac{\partial u_z}{\partial t} + u_x \frac{\partial u_z}{\partial X} + u_y \frac{\partial u_z}{\partial Y} + u_z \frac{\partial u_z}{\partial Z} = Z - \frac{1}{\rho} \frac{\partial p}{\partial Z} + \nu \nabla^2 u_z \quad (2-65)$$

式中，X、Y、Z 分别表示微元体在 3 个方向上所受的单位质量力；p 表示流体压力；ν 表示流体运动黏性系数。

2.3.3 雷诺方程

上面所描述的方程是牛顿连续介质流体的普适性方程，不论层流还是湍流都是适用的。但是基于目前的计算条件采用直接数值模拟（direct numerical simulation，DNS）和大涡模拟（Large eddy simulation，LES）等求解方法是不现实的，而实际工程中关注的是湍流要素的时均值。所以在应用中，计算湍流的基本方法主要是求解 RANS 方程，即

$$\frac{\partial U_j}{\partial x_j} = 0 \quad (2-66)$$

$$\frac{\partial(U_i U_j)}{\partial x_j} = -\frac{1}{\rho}\frac{\partial p}{\partial x_i} + \frac{\partial}{\partial x_j}\left[\nu\left(\frac{\partial U_i}{\partial x_j} + \frac{\partial U_i}{\partial x_i}\right)\right] - \frac{\partial(u'_i u'_j)}{\partial x_j} + g_i \quad (2-67)$$

式中，为简便取直角坐标系 $x_i(i=1,2,3)$，$g_1 = g_2 = 0$，$g_3 = -g$（取 z 向上为正），g 为重力加速度；$\overline{u'_i u'_j}$ 附加项称为雷诺应力或湍流应力。

2.3.4 湍流模型

$k-\varepsilon$ 方程湍流模型同时考虑了湍流脉动速度的输运和湍流脉动长度的输运，比零方程湍流模型、一方程湍流模型更符合实际情况，已经得到了广泛的应用并经受了大量的检验。湍流能量输运方程和能量耗散输运方程为如下形式：

$$\frac{\partial(\rho k)}{\partial t} + \frac{\partial(\rho k u_i)}{\partial x_i} - \frac{\partial}{\partial x_j}\left[\left(\mu + \frac{\mu_t}{\sigma_k}\right)\frac{\partial k}{\partial x_j}\right] = G_k + G_b - \rho\varepsilon - Y_M + \phi_k$$

$$(2-68)$$

$$\frac{\partial(\rho\varepsilon)}{\partial t} + \frac{\partial(\rho\varepsilon u_i)}{\partial x_i} - \frac{\partial}{\partial x_j}\left[\left(\mu + \frac{\mu_t}{\sigma_\varepsilon}\right)\frac{\partial\varepsilon}{\partial x_j}\right] = c_{\varepsilon 1}\frac{\varepsilon}{k}(G_k + c_{\varepsilon 3}G_b) - c_{\varepsilon 2}\rho\frac{\varepsilon^2}{k} + \phi_\varepsilon$$

$$(2-69)$$

式中，$c_{\varepsilon 1}$、$c_{\varepsilon 2}$、$c_{\varepsilon 3}$ 为经验常数；ϕ_k、ϕ_ε 为用户定义的源项。

2.3.5 壁面函数法

壁面函数法的基本思想是：对于湍流核心区的流动使用高雷诺数的湍流模型求解，而在壁面区不进行求解，直接用半经验公式将壁面上的物理量与湍流核心区待求的未知量直接联系起来。这样，不需要对壁面区内的流动进行求解，就可直接得到与壁面相邻控制体积的节点变量数。在划分网格时，不需要在壁面区加密，只需要把第一个内节点配置到湍流充分发展的区域。

对于壁面函数法，找出对数律层与黏性底层的分界点是关键，这里以 c^{y+} 作为此点，则：

当与壁面相邻的控制体积节点满足 $y^+ < y_c^+$ 时，控制体积内的流动处于黏性底层，速度沿壁面法线方向呈线性分布，即

$$u^+ = y^+ \tag{2-70}$$

当与壁面相邻的控制体积节点满足 $c^{y+} > y^+$ 时，控制体积内的流动处于对数律层，速度沿壁面法线方向呈对数律分布，即

$$u^+ = \frac{1}{k} \ln E y^+ \tag{2-71}$$

式中，k 为 Karman 常数；E 为与壁面粗糙度有关的常数。对于光滑壁面 k 的取数为 0.4，E 的取数为 9.8。

同时，在 CFD 软件中，推荐 y^+ 使用下式计算：

$$y^+ = \frac{\Delta y (C_\mu^{1/4} k^{1/2})}{\mu} \tag{2-72}$$

式中，k 是节点的湍动能。

2.3.6 边界条件

最常见的边界条件就是在一个封闭边界上的狄里克莱(Dirichlet)条件和诺依曼(Neumann)条件，也可以称为第一类边界条件(Dirichlet 条件)和第二类边界条件(Neumann 条件)。

第一类边界条件，描述的是计算区域的边界或部分边界上变量的数，即

$$\phi = \phi', \text{在边界上} \tag{2-73}$$

式中，ϕ' 表示某物理量 ϕ 在边界上的数。

第二类边界条件,描述的是边界上变量梯度的法向分量数,即

$$\vec{n} \cdot \nabla \phi = \phi_n,\text{在边界上} \tag{2-74}$$

1) 速度入口

速度入口边界条件用于定义在流动入口处的流动速度及相关的其他标量型流动变量。对于 Dirichlet 边界条件,入口处的速度是预先给定的,一般是均匀来流条件,如果均匀来流速度为 $\vec{u}_c$,则

$$\vec{u} = \vec{u}_c \tag{2-75}$$

湍动能 k 和湍流耗散率 ε 一般是根据试验数据得出的,或者是通过估算公式给出的:

$$k = \frac{3}{2}(\bar{u}I)^2 \tag{2-76}$$

其中,$\bar{u}$ 为速度的平均数,I 为湍流强度,按下式计算:

$$I = \frac{u'}{\bar{u}} = 0.16\,(Re_{D_H})^{-1/8} \tag{2-77}$$

2) 流动出口

出流边界条件用于模拟在求解前流速和压力都未知的出口边界。该边界条件适用于出口处的流动是完全发展的情况。出流边界条件不能用于可压流动,也不能与压力进口边界条件一起使用,出流条件可表达为

$$\frac{\partial \phi}{\partial n} = 0,\ \phi = \varepsilon \tag{2-78}$$

3) 对称边界条件

对称边界条件用于物理外形以及所期望的流动的解具有镜像对称特征的情况。一般而言,船舶都是关于中纵剖面对称的,因此,船舶周围的流场也是关于中纵剖面对称,这样,在模拟计算时就可以把中纵剖面设为对称面。在对称面上,没有质量、热量等物理量的交换,因此对称面上的法向速度为零,即

$$u_n = \vec{n} \cdot \vec{u} = 0 \tag{2-79}$$

式中,$\bar{n}$ 表示对称平面的单位法向矢量。

4) 壁面条件

在黏性流体中,壁面处一般认为是无滑移边界条件,即在界面上流体的速度

和固体边界的速度相等。

在固体边界处,如果速度为 $\vec{u}_c$,则流动的固壁边界条件(无滑移条件)为

$$\vec{u} = \vec{u}_c \tag{2-80}$$

2.3.7 自由液面模拟

目前,基于 RANS 法的船舶流场数值计算,自由液面的模拟可以分为界面追踪法和界面捕捉法。

界面追踪法是通过移动网格来跟踪自由液面,将自由面看成坐标曲面,计算时不断更新网格以适应自由面,这种方法只需对水建立控制域,并能够在自由面处精确满足边界条件,在船舶领域应用较广。但这种方法难以处理波浪破碎和重叠的自由界面,此外,在每个时间步内需要更新网格,计算量较大。

界面捕捉法是采用欧拉的观点来描述运动界面的,计算网格覆盖整个流体域,在求解过程中计算网格不需要运动,而是通过其他方法如设置等值函数、标记粒子等来追踪自由面,这种方法可以处理复杂的自由界面,包括波浪的翻卷、船首破波、甲板上浪等问题。比较有代表性的算法有:VOF[①]、MAC[②]、level-set[③] 等。本书只介绍 VOF 法。

VOF 法是一种在固定的欧拉网格下的表面跟踪方法,是通过求解动量方程和一处或多处流体的体积分数来模拟多项流模型的。VOF 法将水和空气看成是同一介质,在整个流场中定义一个流体体积函数 ϕ,在网格单元中,ϕ 为一种流体(目标流体)的体积与网格体积的比值,如果 $\phi=1$,则单元中充满目标流体,如果 $\phi=0$,则网格单元中为另一种流体,在 ϕ 从 0 到 1 迅速变化的区域即为自由界面。其方程为

$$\frac{\partial a_q}{\partial t} + \frac{\partial (u a_q)}{\partial x} + \frac{\partial (v a_q)}{\partial y} + \frac{\partial (w a_q)}{\partial z} = 0 \tag{2-81}$$

$$\frac{\partial \alpha_q}{\partial t} + v_q * \nabla \alpha_q = \frac{S_{a_q}}{\rho_q} + \frac{1}{\rho_q} \sum_{p=1}^{n} (\dot{m}_{pq} - \dot{m}_{qp}) \tag{2-82}$$

式中,a_1 和 a_2 分别为水和空气体积分数。且 $a_q = 0.5$ 为水和空气的交界面;$q=0$

---

① 流体体积法(volume of fluid)。
② 标记网络法(marked-and-cell method)。
③ 水平集。

指单元中充满水；$q=1$ 指单元中充满空气。

2.3.8 数值求解方法

1）离散方法

对雷诺方程直接求解是很复杂很困难的。目前的 CFD 算法都是把要求解的微分方程离散为一组代数方程组，然后在计算机上计算得到问题的离散近似值。常用的数值离散方法有：有限差分法、有限元法、有限体积法等。具体参见相关参考书。

2）SIMPLE 算法

SIMPLE 算法，即求解压力耦合方程组的半隐式方法。这是一种主要用于求解不可压流场的数学方法，也可用于求解可压流动。它的核心是采用"猜测-修正"的过程，在交错网格的基础上来计算压力场，从而达到求解动量方程的目的。SIMPLE 方法的基本思想是：对于给定的压力场求解离散形式的动量方程，得出速度场。因为压力场是假定的或不精确的，所以，得到的速度场一般是不满足连续方程的，必须对给定的压力场加以修正。修正的原则是：与修正后的压力场相对应的速度场能满足这一迭代层次上的连续方程。据此原则，可以把由动量方程的离散形式所规定的压力与速度的关系代入到连续方程的离散形式中，从而得到压力修正方程，并由压力修正方程得出压力修正数。接着，根据修正后的压力场，求解新的速度场，然后检查速度场是否收敛，若不收敛，用修正后的压力数作为给定的压力场，开始下一层次的计算，如此反复，直到获得收敛的解。

2.3.9 网格划分

网格的合理布置和适当加密对于提高计算精度和识别局部流动细节至关重要，网格生成的好坏将直接影响到模拟和计算结果的优劣。因此，生成网格时一般应遵循以下几点原则：

（1）网格分布应该稀疏合理。自由面需要捕捉波形，靠近自由面网格应较密，流域底部波动影响小，网格应较疏。物面附近参数变化梯度大，网格应较密；离物体较远处参数变化小，网格应较疏。

（2）网格线尽量正交，曲线尽量光滑，网格线要与流动方向一致。

（3）网格离散尽量贴体，只要网格节点不贴在物体表面上。如果物面边界条件使用插数方法产生误差，而流场内各点参数都依赖于边界参数，故相应都有了误差。

（4）在所有的网格中，不能出现负体积，网格质量满足计算要求。在采用 CFD 方法进行流场数值模拟时，首先要将计算区域离散化，即划分网格。网格可分为结构网格、非结构网格、动网格和重叠网格四大类。每种网格都有自己的优缺点，下面将重点讨论重叠网格。

随着船舶领域研究内容的深入，船舶的运动问题已经成为船舶阻力计算中必须要考虑进去的主要内容之一。传统的结构化和非结构化网格在模拟物体运动中具有较大的难度。而重叠网格是一种新型网格划分技术，它不仅较容易地模拟船体的各种运动状态，而且对于那些大幅度运动问题，同样具有较好的求解计算能力，到目前为止，已经得到了广泛的应用。重叠网格是将模型中的每个部分单独划分网格，然后再嵌套到背景网格中。它生成的网格质量较好，且可以较精确地求解大幅度运动的物体。首先，要标记出哪些是洞点和插值点，然后通过挖洞去除物面内部和多余的重叠单元；然后，在重叠网格区域相互进行插值以完成数据的交换，进而完成整个流场的求解计算。如图 2 - 25 所示，用阴影标出的两个接收器网格单元，一个在主域中，另一个在从域中。

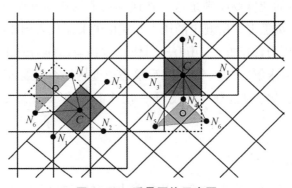

图 2 - 25　重叠网格示意图

通过接收器网格表面的流量与两个激活网格表面之间的流量大致相同。然而无论是引用哪个接收器网格中心（图示中开放符号标示处）的变量，数据提供网格中的权重变量将会被代替：

$$\phi_{\text{acceptor}} = \sum \alpha_i \phi_i \qquad (2-83)$$

式中，α_i 是插值权重因子，ϕ_1 是变量提供单元的因变量。i 代表所有插值单元（由图示中的三角形提供）变量提供的节点。由此通过图示中相邻的三个相同的单元($N_1 - N_3$)及重叠区中的 3 个单元($N_4 - N_6$)建立 C 单元的代数等式。求解（不论是对于分离求解法还是耦合求解法）等式的系数矩阵进行相应的更新以确保等式在满足残差要求的条件下得到求解。

本节采用重叠网格对计算域进行网格划分,插值方法种类很多,其中线性插值是利用形状函数将提供变量网格的中心连接起来,并将接收器网格中心从一个插值单元向下一个插值单元传递。虽然这个方法效率不高,但是计算比较精确。具体的网格划分如 2.4.4 节的算例所示。

2.4　数值造波水池的建立

2.4.1　速度边界造波

速度边界造波方法采用在速度入口边界处给定波动速度的造波方法。相比于物理试验水池,该方法成本较低、易于实现、精度较高、衰减较慢。与仿物理方法造波相比,易于在入口边界处给定某一固定船速,避免了动边界带来的困难。

波面方程为

$$\eta = a\cos(kx - \omega t) \tag{2-84}$$

速度场如下:

$$u(x, y, t) = \frac{Agk}{\omega} \frac{\cos k(z+h)}{\cos kh} \cos(kx - \omega t) \tag{2-85}$$

$$v(x, y, t) = \frac{Agk}{\omega} \frac{\cos k(z+h)}{\cos kh} \sin(kx - \omega t) \tag{2-86}$$

$$w(x, y, z) = 0 \tag{2-87}$$

式中,k 是波数,由公式 $k = 2\pi/\lambda$ 确定;ω 是波浪自然频率,由 $\omega = \sqrt{2\pi g/\lambda}$ 确定。

2.4.2　数值消波

消波是指在波浪水池的特定区域添加动量源项使波浪衰减,避免波浪反射对计算域造成影响。人工阻尼消波普遍且实用,人工阻尼系数 μ 的表达式为

$$\mu \pounds(x, z) = \alpha \left(\frac{x - x_f}{x_a - x_f}\right)^2 \left(\frac{z_d - z}{z_d - z_u}\right) \tag{2-88}$$

式中，$x_f \leqslant x \leqslant x_a$（$f$ 和 a 分别表示阻尼区沿 x 方向的起点和终点）；$z_d \leqslant z \leqslant z_u$（$d$ 和 u 分别代表沿 y 方向的底部和自由面）；α 为阻尼控制参数。

2.4.3 船舶六自由度运动方程

在建立船舶运动方程时，建立两个参考坐标系，如图 2 - 26 所示：一个是固定于大地的固定坐标系 $O_oX_oY_oZ_o$；一个是固定于船舶的随船动坐标系 $GXYZ$。动坐标系的原点在船体的重心 G 处，其中 G_x、G_y、G_z 分别是经过重心 G 的中横剖面、中纵剖面和水线面的交线。随船动坐标系 X 轴指向船首为正，Y 轴指向右舷为正，Z 轴向下为正。

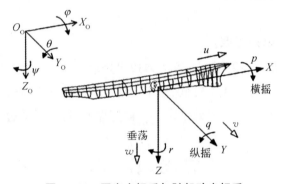

图 2 - 26 固定坐标系与随船动坐标系

由牛顿第二定律受力公式可知：

$$F = \hat{i}X + \hat{j}Y + \hat{k}Z = ma = m\frac{\mathrm{d}}{\mathrm{d}t}(\hat{i}u + \hat{j}v + \hat{k}w)$$

$$= m\left(u\frac{\mathrm{d}\hat{i}}{\mathrm{d}t} + \hat{i}\frac{\mathrm{d}u}{\mathrm{d}t} + v\frac{\mathrm{d}\hat{j}}{\mathrm{d}t} + \hat{j}\frac{\mathrm{d}v}{\mathrm{d}t} + w\frac{\mathrm{d}\hat{k}}{\mathrm{d}t} + \hat{k}\frac{\mathrm{d}w}{\mathrm{d}t}\right) \quad (2-89)$$

由牛顿第二定律力矩公式可知：

$$M_1 = \hat{i}K + \hat{j}M + \hat{k}N = \frac{\mathrm{d}}{\mathrm{d}t}(\hat{i}I_xp + \hat{j}I_yq + \hat{k}I_zr)$$

$$= I_xp\frac{\mathrm{d}\hat{i}}{\mathrm{d}t} + \hat{i}\frac{\mathrm{d}(I_xp)}{\mathrm{d}t} + I_yq\frac{\mathrm{d}\hat{j}}{\mathrm{d}t} + \hat{j}\frac{\mathrm{d}(I_yq)}{\mathrm{d}t} + I_zr\frac{\mathrm{d}\hat{k}}{\mathrm{d}t} + \hat{k}\frac{\mathrm{d}(I_zr)}{\mathrm{d}t}$$

$$(2-90)$$

式中，$\dfrac{\mathrm{d}\hat{i}}{\mathrm{d}t} = \hat{j}r - \hat{k}q,\ \dfrac{\mathrm{d}\hat{j}}{\mathrm{d}t} = \hat{k}p - \hat{i}r,\ \dfrac{\mathrm{d}\hat{k}}{\mathrm{d}t} = \hat{i}q - \hat{j}p$

根据以上公式,结合坐标变换关系,则动坐标系原点位于重心的船舶运动方程为

$$X = m(\dot{u} + qw - rv)$$
$$Y = m(\dot{v} + ru - pw)$$
$$Z = m(\dot{w} + pv - qu)$$
$$L = I_x\dot{p} + (I_z - I_y)qr \qquad (2-91)$$
$$M = I_y\dot{q} + (I_x - I_z)rp$$
$$N = I_z\dot{w} + (I_y - I_x)pq$$

式中,m 为船体质量(kg);u、v、w 为船体速度(m/s);p、q、r 为船体角速度(rad/s);X、Y、Z 为船体受外力大小(N);L、M、N 为船体外力对重心的力矩(N·m);$\dot{u}$、$\dot{v}$、$\dot{w}$、$\dot{p}$、$\dot{q}$、$\dot{r}$ 为速度和角速度的导数。

2.4.4 算例

本节分别以 Wigley 船型、S60 船型和 DTMB5415 船型为例,采用 CFD 分析方法分别计算其在静水中的总阻力,并和试验值进行比较,以此验证 CFD 分析方法的准确性,为接下来的船型优化奠定基础,船型参数和型线图参见以上章节。阻力计算采用 STRA - CCM+ 软件。

1) Wigley 船型

本节仍然以 2.3.7 节的 Wigley 船型为例进行数值模拟,此模型有完整的试验数据。数值水池的计算域和边界条件如图 2 - 27 所示。采用重叠网格技术划

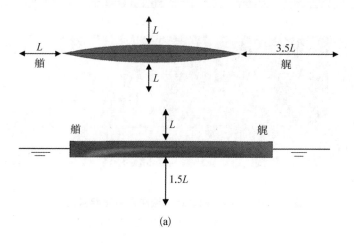

(a)

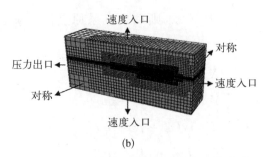

速度入口

对称

压力出口

速度入口

对称

速度入口

(b)

图 2-27 Wigley 船型计算域和边界条件

（a）计算域；（b）边界条件

分船体和自由面网格，共划分 118 万个网格，Wigley 船型计算域和自由面网格划分如图 2-28 所示，Wigley 船型船体网格划分如图 2-29 所示。执行计算的戴尔（DELL）工作站性能为：12 核，3.4Ghz，64G 内存，256G＋2T 硬盘，M4000显卡。Wigley 船型自由面波形如图 2-30 所示，Wigley 船型数值计算结果和试验值比较如图 2-31 所示，由图可知，计算结果和试验值比较接近。

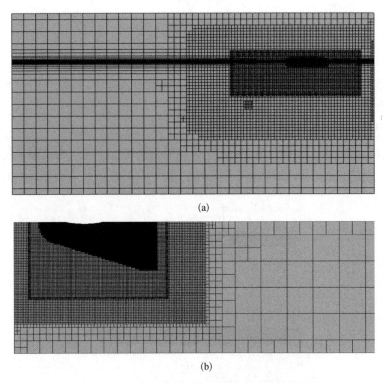

(a)

(b)

图 2-28 Wigley 船型计算域和自由面网格划分

（a）整个计算域网格划分；（b）自由液面附近网格剖面图

图 2 - 29　Wigley 船型船体网格划分

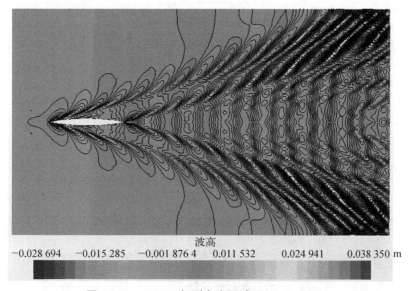

波高

| −0.028 694 | −0.015 285 | −0.001 876 4 | 0.011 532 | 0.024 941 | 0.038 350 m |

图 2 - 30　Wigley 船型自由面波形($Fn = 0.30$)

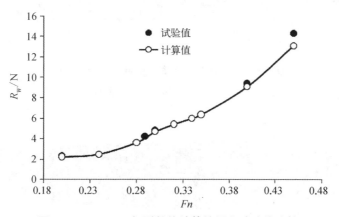

图 2 - 31　Wigley 船型数值计算结果和试验值比较

2）S60 船型

S60 船型的主尺度和参数如表 2-1 所示。采用重叠网格技术划分船体和自由面网格，共划分 132 万个网格，S60 船型计算和自由面网格划分如图 2-32 所示；S60 船型船体网格划分如图 2-33 所示；S60 船型自由面波形如图 2-34 所示；S60 船型数值计算结果和试验值比较如图 2-35 所示，由图可知，计算结果和试验值非常接近。

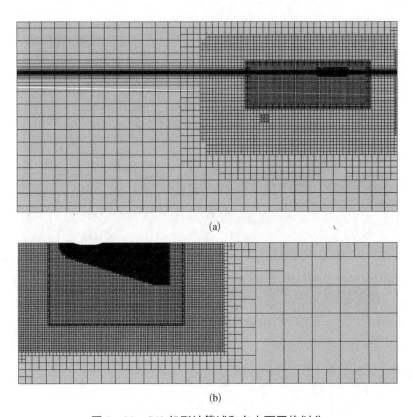

(a)

(b)

图 2-32　S60 船型计算域和自由面网格划分

（a）整个计算域网格划分；（b）自由液面附近网格剖面图

图 2-33　S60 船型船体网格划分

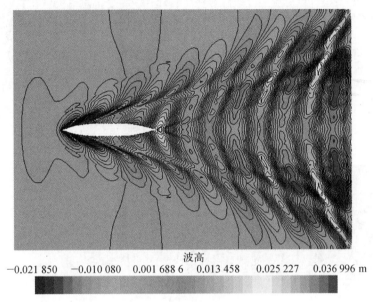

波高

−0.021 850　　−0.010 080　　0.001 688 6　　0.013 458　　0.025 227　　0.036 996 m

图 2 − 34　S60 船型自由面波形($Fn = 0.285$)

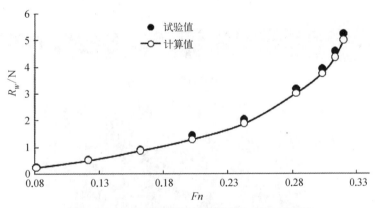

图 2 − 35　S60 船型数值计算结果和试验值比较

3) DTBM5415 船型

DTMB5415 船型的主尺度和参数如表 2 − 2 所示。采用重叠网格技术划分船体和自由面网格，共划分 223 万个网格，DTMB5415 船型计算域和自由面网格划分如图 2 − 36 所示；DTMB5415 船型船体网格划分如图 2 − 37 所示；DTMB5415 船型自由面波形如图 2 − 38 所示；DTMB5415 船型数值计算结果和试验值比较如图 2 − 39 所示，由图可知，计算结果和试验值非常接近。

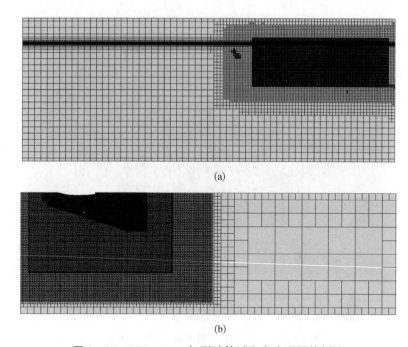

(a)

(b)

图 2 - 36　DTBM5415 船型计算域和自由面网格划分

（a）整个计算域网格划分；（b）自由液面附近网格剖面图

图 2 - 37　DTBM5415 船型船体网格划分

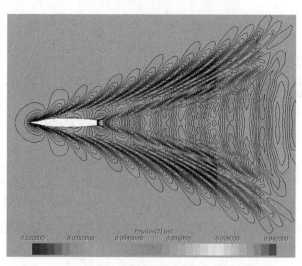

图 2 - 38　DTBM5415 船型自由面波形（$Fn = 0.28$）

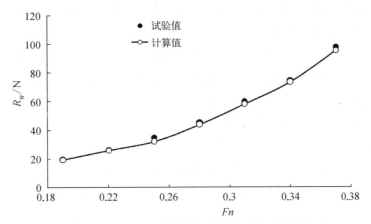

图 2-39 DTBM5415 船型数值计算结果和试验值比较

　　采用 CFD 分析 3 类典型船型的阻力性能,通过和前面采用的势流理论相比较,更接近试验值,计算精度更高,在网格数量适当,机器配置较好的情况下,以 CFD 计算的阻力为目标进行船型优化会得到更加可靠的结果。

2.5　影响船体阻力计算的 CFD 不确定因素研究

　　为了研究影响船体阻力 CFD 计算的不确定因素,这里以 DTMB5415 船型为研究对象。首先,基于统计学中的拉丁方阵设计建立以首层边界层厚度、湍流模式和网格数量为 CFD 船型计算中 3 个主要不确定因素的矩形方阵,采用黏性理论方法(CFD)计算船体阻力,模拟船体周围的流场。然后,通过回归分析方法论切割体网格和重叠网格在船体阻力预报上不确定因素的影响度。通过一系列的计算与分析,提出适合该船型的最优阻力计算方案,确定了适用 DTMB5415 船型阻力计算的相关参数。其次,采用这两种网格分别计算不同航速下的阻力大小,并与试验值对比,得到了较满意的结果。最后,根据 ITTC 规程,采用 3 套网格针对 DTMB5415 船型在静水中的阻力进行了基于 CFD 的不确定度分析和探讨,并将修正后的计算结果与试验值进行对比,提高了阻力预报的精准性。

2.5.1　阻力计算

1)边界条件

(1)切割体网格:数值模拟水池前表面、上表面和下表面设定为速度入口并在前表面边界处给定来流速度,即船速;后表面设定为压力出口;船体设定为刚体表面;两侧设定为对称面。

（2）重叠网格:根据重叠网格的划分要求,整个模型需要两个体,即背景体和重叠体,其中重叠体为长方体与船体进行布尔减运算得到的实体。在背景体中,边界条件设定与切割体网格设置方法完全相同;在重叠体中:长方体左侧面设定为对称面,其余外表面设定为重叠区,船体表面设定为刚体表面。

2）计算流程

以 DTMB5415 船模为例,采用 CFD 计算船体在静水中的总阻力。

（1）计算前处理:建立几何模型,进行网格划分和网格质量检查,设定边界条件。

（2）计算过程:采用三维非定常分离隐式求解器,以连续方程和动量方程作为整个模型的控制方程,选择合适的湍流模型求解整个流场;采用 VOF 二相流模型捕捉自由面;采用 PISO 法对压力场和速度场进行耦合;取速度等于航速作为计算的初始速度开始迭代计算。阻力计算流程如图 2-40 所示。

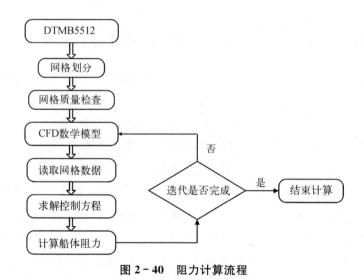

图 2-40 阻力计算流程

2.5.2 CFD 影响因素分析

采用 CFD 方法计算船体在静水中的阻力值与试验值均有一些误差,且计算工况不同,误差大小也不相同。这些误差的产生主要由从建模初期到网格划分、计算方法使用、迭代开始计算等过程中的一系列不确定性因素导致的。这些误差主要包括 5 个方面:数学模型误差、迭代误差、舍入误差、截断误差和计算误差。为了提高阻力预报精度,需要准确分析出哪些因素对阻力计算起着主导作用,哪些起着次要作用。如果对每一个因子逐一分析必将浪费大量的计算时间,降低工作效率。因此,本节引入试验设计对 CFD 阻力计算的影响因素进行分析。

　　试验设计可以从系统模型中挑选出一部分最具代表性的试验点进行分析,来寻找大量数据之间的密切关系,旨在通过最少的试验次数和试验周期以获得最大的计算效果。它是一种高效率、快速而经济的计算方法。试验设计方法种类很多,其中拉丁方阵是由著名数学家和物理学家欧拉发明的。它在边数为 n 的 n 个正方形中写入 n 个不同的设计元素,每行每列都成为一个完整单位组,且这种处理在每行每列都只能出现一次。

　　1) 拉丁方阵设计

　　根据前人的研究经验可知,影响 CFD 计算结果的主要因素包括 3 个因子:① 首层边界层厚度;② 计算湍流模式;③ 网格数量。因此,通过拉丁方阵对这 3 个因子进行设计分析:在切割体网格上,构建 4 水平数 3 个因子的设计模型;在重叠网格上,由于 RST 模型在重叠网格计算上出错,导致阻力无法获得,因此构建 3 水平数 3 个因子的设计模型,如表 2-3 所示。拉丁方阵设计列表如表 2-4 所示,共进行 16//9 次试验设计。采用 CFD 方法计算的航速为 $Fr=0.281$ 时的总阻力系数均列在该表格中。

表 2-3　4//3 个水平 3 个因子一览表

分析因子	因子数	水平	
		切割体网格	重叠网格
首层边界层厚度 A	A_1	0.000 4	0.000 3
	A_2	0.000 3	0.000 2
	A_3	0.000 2	0.000 1
	A_4	0.000 1	Null
湍流模式 B	B_1	RNG $k-\varepsilon$	RNG $k-\varepsilon$
	B_2	SST $k-\omega$	SST $k-\omega$
	B_3	SA	SA
	B_4	RST	Null

(续表)

分 析 因 子	因 子 数	水 平	
		切割体网格	重叠网格
网格数量 （相对比值）C	C_1	49.984	35.35
	C_2	35.35	25
	C_3	25	17.68
	C_4	17.68	Null

表 2-4 拉丁方阵设计列表及阻力计算结果

No	A	B	C	切割体网格 C_{QT}	A	B	C	重叠网格 C_{CT}
1	A_1	B_1	C_1	0.004 782	A_1	B_1	C_1	0.003 942
2	A_1	B_2	C_2	0.004 34	A_1	B_2	C_2	0.004 668
3	A_1	B_3	C_3	0.004 405	A_1	B_3	C_3	0.004 35
4	A_1	B_4	C_4	0.004 742	A_2	B_1	C_2	0.004 367
5	A_2	B_1	C_2	0.004 782	A_2	B_2	C_3	0.004 349
6	A_2	B_2	C_1	0.004 35	A_2	B_3	C_1	0.003 961
7	A_2	B_3	C_4	0.004 854	A_3	B_1	C_3	0.004 193
8	A_2	B_4	C_3	0.004 47	A_3	B_2	C_1	0.004 168
9	A_3	B_1	C_3	0.004 728	A_3	B_3	C_2	0.004 132
10	A_3	B_2	C_4	0.004 448				
11	A_3	B_3	C_1	0.005 085				
12	A_3	B_4	C_2	0.004 456			Null	
13	A_4	B_1	C_4	0.004 472				
14	A_4	B_2	C_3	0.004 423				
15	A_4	B_3	C_2	0.005 447				
16	A_4	B_4	C_1	0.004 353				

　　以切割体网格和重叠网格为例，分别采用 16 种和 9 种不同的计算方法对 DTMB55415 船型在静水中的水动力性能进行数值模拟。从图 2-41 中可以看出：在切割体网格上，采用 CFD 方法计算得到的总阻力与试验值之间误差 $|\varepsilon|$ 为 2.5%～18.5%，工况 9 计算出的总阻力与试验值更接近，工况 15 计算的误差最大；在重叠网格上，总阻力值与试验值之间误差 $|\varepsilon|$ 为 1.25%～14.5%，工况 2

计算出的总阻力与试验值更接近,工况 1 计算的结果误差最大。可见,不同的计算方法对阻力计算结果有较大的影响,因此有必要对这 3 种因子进行系统分析,以得到对计算结果影响较大的因子。

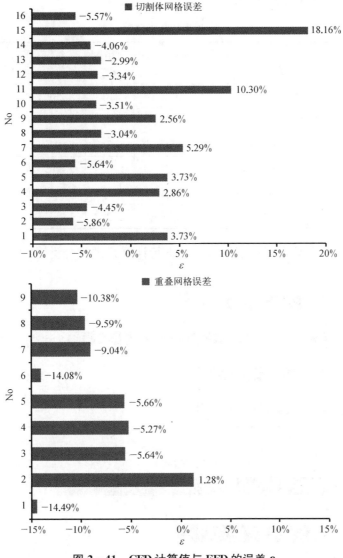

图 2-41 CFD 计算值与 EFD 的误差 ε

根据表 2-4 的计算结果对数据进行回归分析,分析结果如表 2-5 所示。从表中可以看出,在切割体网格上,影响度由大到小排序分别是:湍流模式 B、网格数量 C、首层边界层厚度 A;在重叠网格上,影响度由大到小排序分别是:

网格数量 C、湍流模式 B、首层边界层厚度 A，且偏差平方和、方差由大到小的顺序与影响度的排列顺序完全相同。可见，湍流模式的选取对切割体网格的计算结果影响最显著，网格数量对重叠网格计算结果影响最显著，而首层边界层厚度对两者的计算结果影响最小。

表 2-5　方差分析

计算网格	因　子	偏差平方和 ss	自由度 df	方差 MS	影响度
切割体网格	首层边界层厚度 A	3.39E-08	3	6.23E-08	1.12E-04
	湍流模式 B	7.10E-07	3	3.02E-07	5.57E-04
	网格数量 C	1.25E-07	3	8.01E-08	2.50E-04
重叠网格	首层边界层厚度 A	3.71E-08	2	1.85E-08	1.56E-04
	湍流模式 B	1.14E-07	2	5.69E-08	2.48E-04
	网格数量 C	2.17E-07	2	1.08E-07	3.66E-04

将表 2-4 中的数据按照湍流模式进行计算并进行分类，如图 2-42 所示。

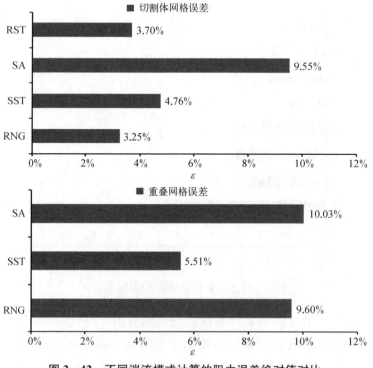

图 2-42　不同湍流模式计算的阻力误差绝对值对比

从图中可以看出：在切割体网格上，采用 RNG $k-\varepsilon$ 湍流模型计算的阻力平均误差最小，误差大小为 3.25%。SA 计算的平均误差最大，达到 9.55%；在重叠网格上，采用 SST $k-\omega$ 湍流模型计算的阻力平均误差最小，误差大小为 5.51%，而 SA 计算的平均误差最大，达到 10.03%。可见，只要选择合适的网格数量和首层边界层厚度，RNG $k-\varepsilon$ 模型比较适合于切割体网格计算的模拟，而 SST $k-\omega$ 更适合采用重叠网格计算。

2) 多航速阻力计算

本节采用切割体网格和重叠网格分别对 DTMB5415 进行多航速数值模拟。由上节可知，工况 9 和工况 2 的计算方法均可以很好地预报船体阻力。为了提高计算准确性，可采用与该工况相同的网格划分方式及计算方法来预报船体阻力。将 CFD 计算结果与试验值进行对比，结果如图 2-43 所示。

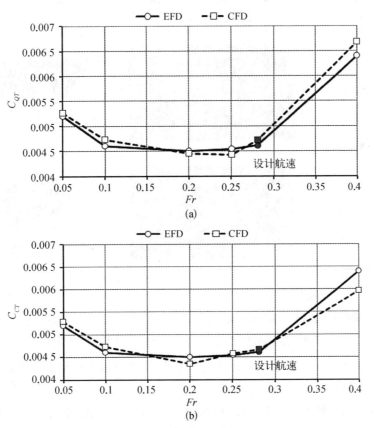

图 2-43 总阻力计算结果与试验值对比曲线

（a）切割体网格；（b）重叠网格

计算结果表明,两种网格计算的总阻力趋势与试验值相符合,且两种网格的计算误差十分接近。其中,切割体网格计算的阻力平均误差为 2.5%;重叠网格计算的阻力平均误差为 2.78%。在设计航速 $Fr=0.281$ 时,计算误差分别为 2.56% 和 1.28%,由此说明本节的计算方法可以较准确地预报船体阻力,尤其在设计航速及其附近航速的阻力预报上重叠网格具有较高的准确度。

虽然重叠网格在设计航速计算的误差较小,但是平均误差略高,且重叠网格划分的网格数量较切割体网格的总数量多,计算时间较长,可见,切割体网格在预报多航速船体阻力上有相对的优势。只要适当地增加网格数量,就可以提高阻力计算的精准度。表 2-6 给出了航速 $Fr=0.281$ 的两种网格计算下 DTMB5415 船模周围流场分布情况及船首压力分布云图。

表 2-6　流场分布一览表

网格划分形式	流场分布	船首压力分布
切割体网格		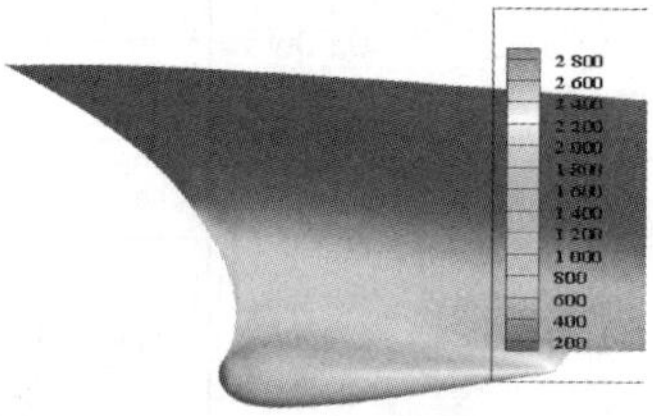
重叠网格		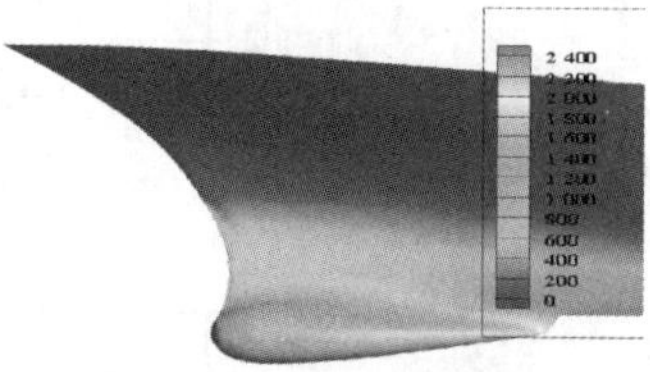

3) CFD 不确定度分析

CFD 模拟结果的不确定度大小决定着数据的有用程度,不同研究者使用不同的评估方法得出的结果难以进行对比。因此,CFD 不确定度分析成为 CFD 研究和应用的重要工作。本节依照 ITTC 推荐规程对 CFD 的不确定度进行分析,即验证和确认。

本节以切割体网格为例,对 DTMB5415 在静水中的总阻力进行了不确定度分析和探讨。计算模型采用 3 套网格进行分析,网格加细比 $r_G=1.414$,其网格划分和自由液面汇总如表 2-7 所示。

表2-7　网格划分及自由液面汇总

网格形式	水平面网格分布	自由液面波形
粗网格	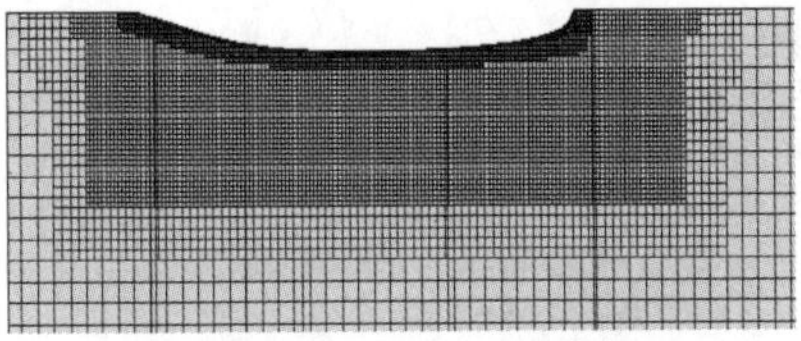	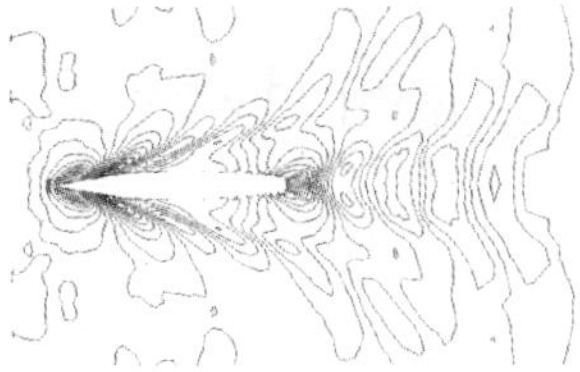
中网格	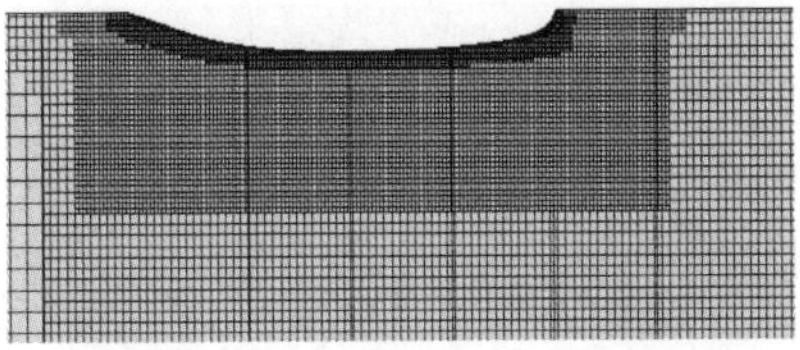	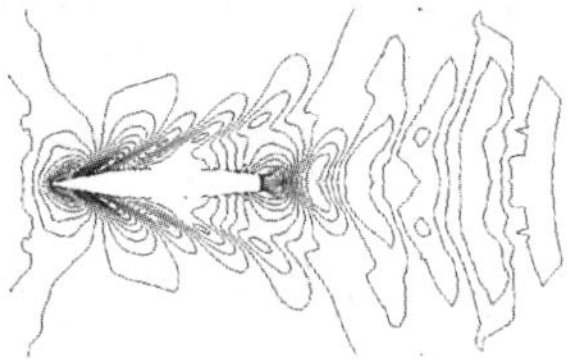
密网格	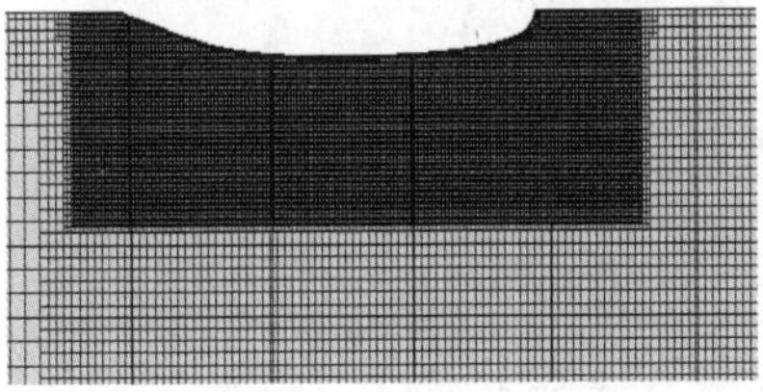	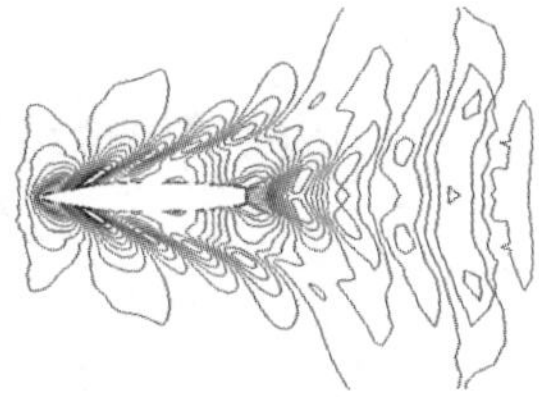

相邻网格所对应的总阻力系数之差可以用 ε_G 表示，即

$$\varepsilon_G = S_{Gi} - S_{G(i+1)} \tag{2-92}$$

收敛率 R_{Gi} 的计算公式如下所示：

$$R_{Gi} = \frac{\varepsilon_{G(i+1)i}}{\varepsilon_{G(i+2)(i+1)}} \tag{2-93}$$

可能出现的收敛情况有 3 种：

(1) $0 < R_{Gi} < 1$，单调收敛。

(2) $R_{Gi} < 0$，振荡收敛。

(3) $R_{Gi} > 1$，发散。

准确度阶数的估计公式为

$$R_{Gi} = \frac{\ln(\varepsilon_{G(i+2)(i+1)}/\varepsilon_{G(i+1)i})}{\ln(r_G)} \tag{2-94}$$

误差估计公式为

$$\delta_{REGi}^* = \frac{\delta_{G(i+1)i}}{r_G^{PGi} - 1} \qquad (2-95)$$

修正因子 C_G 可按下式计算(推荐 $P_{Gest} = 2$):

$$C_{Gi} = \frac{r_G^{PGi} - 1}{r_G^{PGest} - 1} \qquad (2-96)$$

估计 U_{Gi} 的计算公式如下:

$$U_{Gi} = |C_{Gi}\delta_{REGi}^*| |(1-C_{Gi})\delta_{REGi}^*| \qquad (2-97)$$

带修正因子的误差和不确定度 δ_{Gi}^* 的估计公式为

$$\delta_{Gi}^* = C_{Gi}\delta_{REGi}^* \qquad (2-98)$$

修正后的数值模拟结果基准 S_{Ci} 的计算公式如下:

$$S_{Ci} = S_{Gi} - \delta_{Gi}^* \qquad (2-99)$$

修正值的不确定度 U_{GCi} 的计算公式如下:

$$U_{GCi} = |(1-C_{Gi})\delta_{REGi}^*| \qquad (2-100)$$

从表 2-7 中可以看出,3 种网格均能较清楚地捕捉到自由液面的等值线形状。粗网格在船首和船尾处的波高误差较大,通过对自由液面网格加密后的细网格计算结果更加准确清晰。3 套网格计算的总阻力系数结果如表 2-8 所示。从表中可以看出随着网格的加密,阻力计算结果越精确。表 2-9 是对总阻力系数 C_{QT} 的验证,其中包括收敛率 R_G,准确度阶数 P_G,修正因子 C_G,网格不确定度 U_G,带修正因子的误差 σ_{G1}^*,修正值的不确定度 U_{GC} 和修正后的数值模拟结果基准 S_C。由表可知:收敛率 $R_G < 1$,表明网格单调收敛;修正后的数值模拟结果基准 S_C 值为 4.67×10^{-3},可以看出修正后的总阻力与试验值更加接近,误差为 1.3%。

表 2-8　3 套网格总阻力系数 C_{QT}

标　量	粗网格	中网格	密网格	试验值
C_{QT}	0.004 871	0.004 789	0.004 728	0.004 61

表 2-9　总阻力系数计算值的验证

网格形式	R_G	P_G	C_G	U_G	σ_{G1}^*	U_{GC}	S_C
切割体网格	0.751	0.826	0.332	1.85E-4	6.15E-05	1.24E-4	4.67E-3

4）确认

确认的步骤是利用试验数据评估数值模拟的建模不确定度 U_{SM} 的过程,并且在条件允许的情况下,还要估计模型误差 σ_{SN}。它通过比较对比误差和确认不确定度的大小来判定确认能否实现。如果对比误差小于确认不确定度,那么这一层次的确认不确定度得以实现。其中 3 套网格计算的总阻力确认结果如表 2-10 所示。从表中可以看出 $|E|$ 均小于不确定度 U_V,因此计算结果可以被确认。

表 2-10　总阻力确认结果

误　差	结　果	确认不确定度	结　果	大小关系
E_1	1.18E-04	U_{V1}	2.07E-04	$|E_1|<U_{V1}$
E_{C1}	-5.68E-05	U_{V1C}	1.55E-04	$|E_{C1}|<U_{V1C}$

对比误差 E_i 的计算公式如下:

$$E_i = D - S_i \tag{2-101}$$

确认不确定度 U_{Vi} 的计算公式如下:

$$V_{Vi} = \sqrt{U_{SNi}^2 + U_D^2} + \sqrt{U_{Gi}^2 + U_D^2} \tag{2-102}$$

修正模拟结果的对比误差 E_{Ci} 的计算公式如下:

$$E_{Ci} = D - S_{Ci} \tag{2-103}$$

修正模拟结果的确认不确定度 U_{VCi} 的计算公式如下

$$U_{VCi} = \sqrt{U_{S_CNi}^2 + U_D^2} + \sqrt{U_{Gci}^2 + U_D^2} \tag{2-104}$$

5）结论

（1）采用拉丁方设计建立以首层边界层厚度、湍流模式和网格数量为 CFD 计算中 3 个主要不确定因素的矩形方阵,分别以切割体网格和重叠网格为例,探讨了影响 CFD 阻力预报的主要和次要影响因素,并根据计算得出适合该船阻力预报的网格形式及计算方法。结果表明:湍流模式的选取对切割体网格计算结果的影响最显著,网格数量的选取对重叠网格计算结果的影响最显著,而首层边界层的厚度对两者影响最小,RNG $k-\varepsilon$ 模型更适合于以切割体网格为主的阻力预报,而 SST $k-\omega$ 更适合于以重叠网格为主的阻力计算。

(2) 采用切割体网格和重叠网格分别计算了船体在不同航速下的总阻力,并与试验值对比,得出本节的计算方法均可以较准确地预报船体阻力,且切割体网格在多航速阻力预报精确度比重叠网格高,而设计航速上效果较差。

(3) 依照 ITTC 推荐规程,以切割体网格为例,采用 3 套网格针对 DTMB5415 船模在静水中的阻力进行了不确定度分析和探讨。基于 CFD 数学模型的数值解随网格的加密而单调收敛,总阻力的不确定度可以被确认,且修正后的总阻力与试验值更加接近。

参 考 文 献

[1] 卢晓平,程明道.高速方尾水面舰船兴波问题计算方法研究[J].海军工程大学学报,2002,14(5):8-15.

[2] 李干洛,罗淮龙,谭政生,等.节能船型设计[M].北京:国防工业出版社.1990.

[3] 李作志.基于兴波阻力数值计算的船型优化研究[D].大连:大连理工大学,2005.

[4] Tarafdera M S, Suzuki K. Numerical calculation of free-surface potential flow around a ship using the modified Rankine source panel method[J]. Ocean Engineering, 2008, 35 (5-6):536-544.

[5] Cheng Y S, Liu H. Mathematical modeling of fluid flows for underwater missile launch [J]. Journal of Hydrodynamics, 2006, 18(3):492-497

[6] 刘应中.船舶兴波阻力理论[M].北京:国防工业出版社,2003.

[7] 高斌.兴波阻力计算及船型优化[D].上海:上海交通大学.2002.

[8] 李良彦.船舶阻力及粘性流场的数值模拟[D].大连.大连理工大学,2006.

[9] Choi J, Yoon S B. Numerical simulations using momentum source wave-maker applied to RANS equation model[J]. Coastal Engineering, 2009, 56(10):1043-1060.

[10] Gui L, Longo J, Stern F. Biases of PIV Measurement of Turbulent Flow and the Masked Correlation-Based Interrogation [J]. Experiments in fluids. 2005, 30:27-35.

[11] 杨春蕾,朱仁传,缪国平,等. 基于 RANS 和 DES 法船体绕流模拟及不确定度分析[J].上海交通大学学报,2012,46(3):430-435

[12] 张楠,沈泓萃,姚惠之.阻力和流场的 CFD 不确定度分析探讨[J].船舶力学,2003,12(2):211-224.

船型参数化表达和几何重构

基于线性兴波阻力理论 Michell 积分法的船型优化,由于兴波阻力表达式中已包含船体型值,因此,优化过程中可以直接以船体型值为设计变量,不需要进行船体几何形状参数化表达与重构;而基于 Rankine 源法和 CFD 的船型优化,由于目标函数和设计变量之间是隐式关系,而且在优化过程中又要实现船体的自动变形和网格的自动划分,因此就需要采用船体几何重构技术将目标函数和设计变量之间联系起来。随着计算机计算速度的快速提升和计算图形学的快速发展,基于 CFD 的船型优化设计已成为可能,一系列 CFD 数值模拟软件和 CAD 图形设计软件陆续问世,其优化流程如图 3-1 所示。最优化算法不断地调整设计参数在几何设计空间内的变化,不断地生成新的船体几何形状——即船体几何自动重构,CFD 数值模拟工具再对新生成的船型进行数值评估,并将结果反馈给优化平台,如此循环,直至寻找到水动力性能最优的船型为止。整个过程不需要人为干预,其自动化程度直接决定了基于 CFD 船型优化的应用前景,是当前研究的一个热点。传统的船体线型生成技术和船型变化方法大多数采用手工或者是计算机交互方式,无法实现快速、有效的船型变换,导致基于 CFD 数值模拟技术不能进行船型最优化设计(逆问题),只能在有限个船型方案中进行优选或选优(正问题),而正是船体几何自动重构技术的出现,为基于 CFD 的船型优化提供了快速生成船型与变换的工具,可实现真正意义上的"船

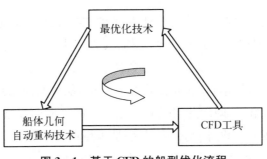

图 3-1 基于 CFD 的船型优化流程

型优化"，对实现"数字化造船""绿色造船"，促进船型设计从传统的经验模式向知识化模式迈进具有重要指导意义。

3.1 船体线型表达方法研究进展

随着多学科优化设计方法的不断深入，如何实现船型自动生成和几何重构已成为目前船型优化研究的热点问题。船型生成的基本方法有：自行绘制法、母型船法、系列船型法和数学船型法。自行绘制法是在计算机技术尚不是很成熟时采用的基本方法，该方法的特点是简单、直观，缺点是强烈依赖设计者的经验；母型船法是目前工程上船型设计最常用的基本方法，特点是简单、较实用，缺点是设计船型的性能强烈地依赖母型船和设计者的经验，如果设计船和母型船极其相似，可以获得较好的结果，反之，设计船的性能较差；系列船型法是依据目前已有的优秀母型船资料或系列船模资料，通过不断地改变船舶主尺度和船型参数得到符合要求的最优船型。以上这 3 种方法都需要通过交互的方式来完成，得到的是离散的型值点，建造之前需要进行人工三维光顺，需耗费大量的时间和人力，效率低下。随着计算机技术的飞速发展，利用计算机辅助技术来进行船型设计和修改有所突破，但设计的总体思路仍然沿着传统的设计方法。为此，国内外学者试图采用新的船舶设计理念，在保证设计质量的条件下，设计过程尽量减少人为干预，首先是将高效的参数化建模技术引入到船舶设计领域，主要是通过解析数学函数和数值拟合的方法实现。用数学函数的形式来表达船型主要是通过数学函数来表达水线、横剖线和纵剖线或船体曲面，用计算机来完成整个的型线生成过程，但由于实际船型比较复杂，到目前还未有切实有效的、实用的参数建模技术。20 世纪曾出现几个比较典型的数学船型，如 Wigley 船型是目前船型研究最常用的船型，但这种船型是用抛物线构成的没有实用价值的船型，离实际船型较远。

近年来，参数化建模技术获得快速发展，参数化设计是指通过改变某一设计参数，自动完成船型相关部分的改变，不需要人工干预。因此，将船型和船型参数联系起来，只要有合适尺寸和船型参数就能生成完整的、光顺的船型曲面。经过长期的发展，船型设计有了长足的进步。目前，船体曲面的几何表示方法主要有两种：一种是网络法，即用几组具有一定规律的平面曲线来表达船体表面，主要用于传统的二维船型设计；另一种方法是采用曲面函数来表达满足一定边界条件的船体曲面，这里主要采用 Bezier 曲面来表达面片，然后将这些曲面拼接成光滑的船体曲面。20 世纪 80 年代以后,B 样条曲面、有理样条逐渐用在船舶线型设计中。20 世纪 90 年代以后,人们开始采用非均匀有理 B 样条(non-uniform rational b-spline,NURBS)方法来构造船体曲面。NURBS 曲面理论上能够保证船体的横剖线、水线和纵剖线的三向光顺,生成的船体曲面不需要放样,可直接用于生产。国外的一些著名船舶设计软件如 FastShip、Maxsurf 和 TRIBON 等几乎都是采用这种技术实现的。国内也纷纷开展这方面的研究,特别是船体造型技术逐渐成为研究的热点。有了这项技术以后,船型自动生成和船型优化即可实现。因此,在船型优化过程中,按照设计者的要求生成准确的船体外形之后,利用 CFD 技术对设定的目标函数进行数值求解,最后通过优化算法在设计空间中探索符合要求的船体几何形状,最终获得在约束条件下的性能最优船型,这个过程不断地重复。

3.1.1 国外研究情况

德国的 Harries 在他的论文中提出了比较完整的船型参数化设计方法,并开发了一套全参数化的商业 CAD 软件 Friendship。该软件可根据一系列的船型特征参数直接生成所需的船型,这些船型特征参数在优化过程中将直接作为优化设计变量。德国的 Abt 和 Harries 基于完全参数化模型系统 FRIENDSHP – Modeler 表达的船体形状参数为设计变量,如图 3 – 2 所示,以 Shipflow 软件计算兴波阻力为目标函数进行船型优化设计。Tahara 等在对 DTMB5415 模型进行优化时采用参数化模型法实现船体几何重构,选择 6 个参数控制船型生成。Kim、Yang 等分别采用基于 Lackenby 变换和径向基差值函数的船体局部几何重构方法以及两者相结合的重构方法进行船型设计优化。

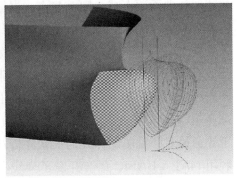

图 3 – 2　完全参数化模型系统 FRIENDSHP – Modeler 表达的船型

意大利罗马 Peri 等在总阻力的优化过程中,利用 Bezier Patch 方法实现球鼻艏几何重构。Campana、Peri 等以减小水面舰船首部兴波波幅作为优化目标,球鼻艏几何重构采用 Bezier Patch 方法。Campana、Peri 等在 2003—2009 年期间,以 DTMB5415 船模作为优化对象,以兴波阻力、耐波性、尾流场等作为优化目标,对船体几何重构方法(分别采用 BezierPatch 和基于 CAD 的几何重构方法)进行了较为详细的研究。Peri、Tahara、Campana 等采用两种多目标全局优化算法对高速双体船分别进行优化设计,船体几何重构分别采用 FFD 自由变形方法和基于 CAD 方法。

从以上的研究中可以看出,国外学者在船体几何自动重构方面已取得了重大突破,一些具有自主知识产权的通用商业软件陆续开发,并成功应用到船型优化当中。国外的成功之处在于基础试验条件的完备、研究者的相对集中,再加上长期不断努力的结果。

3.1.2　国内研究情况

国内研究船体线型优化首先是从用数学公式表达船型开始的,随着 Bezier 曲线和 B 样条曲线的发展,交互设计成为一股热潮,20 世纪 80 年代中期,B 样条曲面、有理样条曲线开始用于船体曲面设计。1981 年,周超骏和刘鼎元开始用 Bezier 曲面描述船型,1985 年他们将 B 样条曲面首次运用于船体曲面描述中。以上各种方法,基本是采用样条的思想设计和表达曲面,而且都是首先要求有原始型值点,然后通过人机交互方式不断地调整曲面,直至满足设计要求。

20 世纪 90 年代中期以后,NURBS 曲线曲面已经成为计算几何的一个重要研究方向,而且成为描述曲线、曲面最流行的技术之一,并且利用 NURBS 方法描述船体曲面逐渐成为研究热点。根据船型特征参数生成船体线型一直是造船工作者孜孜以求的目标,国内许多学者在船型的曲线曲面表达、光顺方面作了深入的探索,但是至今还没有人提出有效的、实用的船型参数化设计技术,更没有形成具有自主知识产权的设计软件。张萍基于 Harries 提出的方法将均匀 B 样条曲线应用到 Wigley 船型设计上,提出了用 NURBS 曲线来表达船型的艉部和球鼻艏,在她的博士论文中对船型参数化表达方法就进行了详细的研究。谢云平等通过对圆舭艇船体几何形状分析,建立了几何特征线和点的参数表达式,并利用 NAPA BASIC 语言开发了型线参数化设计宏程序,从而为圆舭艇船型数字化设计探索了一条高效的新途径。张宝吉研究了基于 Rankine 源法的最小阻力船型设计方法，以铃木和夫提出的船型修改函数的参数为设计变量，在保证必要的排水量为基本约束条件下，采用非线型规划法进行优化设计。于雁云在他的博士论文中详细地介绍了船舶与海洋平台的三维参数化总体设计研究方法。傅慧萍采用 Friendship 软件中的 Framework 模块对 3100TEU 原型进行后体改型。冯佰威等为实现船体型线的优化，在船型 NURBS 表达的基础上，提出两种基于 CAD/CFD 船型优化流程的不同参数化建模方法，一种是直接以 NURBS 的控制顶点坐标为变量，实现船型的参数变换；另一种是以母型为基础开发船型参数化融合模块，实现船型的参数变换，利用 iSIGHT 软件，采用这两种参数化建模方法优化某集装箱船体球鼻艏部分，结果表明：船型修改融合方法是具有工程价值的参数化建模方法。

我国在船体几何自动重构方面的研究与应用已经逐渐走向成熟和完善，特别是在 NURBS 曲线曲面的研究上，已有很多学者的研究达到了国际先进水平，但与日韩和欧洲等造船强国相比，还存在一定的差距，主要存在以下问题：

（1）船体几何形状的参数化表达大多数只能对简单船型（如数学船型）进行局部设计，因此，船型几何设计空间会受到限制，很难获得给定条件下的性能最优船型。

（2）国内的研究比较分散，没有形成一个统一、共用的设计平台，更没有形成具有自主知识产权的商业软件。

（3）目前还没有建立一个有效的、开放的基于水动力学理论的船型优化框架，即目标函数、设计变量（船体几何形状参数化表达）、优化方法等模块之间的衔接和集成问题还没有很好地得到解决。

3.2 船体几何重构技术的实现过程

船体几何重构是船体在变换过程中恢复船体几何和拓扑结构关系的一种船型生成技术，是船舶概念设计、总体设计和船型优化中的一种重要方法。船体几何形状表达是一门综合性很强的技术，涉及众多研究领域，是船体总体设计和性能计算的前提和核心环节，对船舶综合航行性能起着决定性作用。船体几何重构技术是实现基于 CFD 的船型优化的前提，在优化过程中，设计变量根据优化算法进行适当调整，而设计变量的变化体现在船体几何形状的改变上。图 3-3 是船体几何重构实现基于 CFD 的船型优化设计过程方框图。

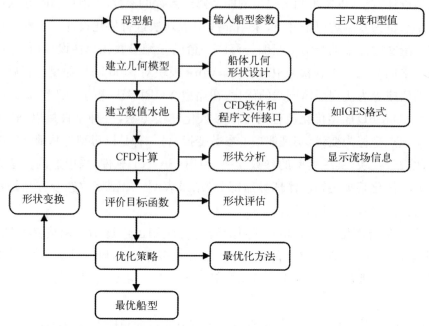

图 3-3　船体几何重构实现基于 CFD 的船型优化设计过程方框图

（1）输入母型船的型值和主尺度，进行几何建模（即形状设计），生成常用 CFD 软件的接口文件，如 IGES 格式（即几何描述）。

（2）采用 CFD 软件进行数值模拟（即形状分析），显示流场信息。

（3）评价目标函数（即形状评估）。

（4）通过优化策略生成最优船型（即船体几何重构）。

3.3　船体几何重构技术的基本原则

船体几何重构技术是连接 CFD 评估技术与优化算法之间的桥梁，设计变量根据优化算法搜索解空间，并将控制船体几何形状的参数输出，然后重新生成新的船体几何形状，这就是船体几何重构过程。CFD 软件对新的船型进行性能评估，优化算法根据评估结果进行分析比较，再通过控制船体几何形状参数反馈给 CFD 软件，如此反复，直至获得性能最优的船体几何形状，所以，船体几何重构技术是船型优化的前提和基础，也是研究的关键技术之一，基本原则如下。

1）保证重构后船体几何形状的广顺性

采用多项式函数或双三角级数来部分或全部地表达船体几何形状，要求改变部分和固定不变部分能够广顺地连接,即保证二阶导数的连续性,才能够使获得的船体形状足够光滑,不会因为船体的光滑性而导致优化结果出现差异,性能最优船型完全是因为几何形状的不同所致。

2) 以尽可能少的设计参数表达船体几何形状

基于 CFD 的船型优化是一个非常复杂的非线性过程,需要不断地迭代,才能最终找到满足设计要求的船型。为了减少计算时间,确保船型优化的实用性,需要用尽量少的设计变量(即船型修改函数或多项式函数的参数)来表达船体几何形状。

3) 设计空间尽量广

为了能够寻找到性能最优的船型,需要有一个非常广的设计空间,即有众多的不同几何形状的船型供选择,这就需要决定船体几何重构技术的参数尽量多,才能够得到更多的不同船型,这和上面的 2)是矛盾的,所以如何权衡这两个原则,即用的计算时间尽量少,而获得的设计空间尽量广,这也是船体几何重构技术必须解决的一个关键问题。

3.4 船体几何重构方法分类

船体几何重构技术是船舶优化设计的关键技术之一,它是优化算法与船舶性能评估与分析之间的桥梁和链接。它也是船舶优化设计过程中的重要环节,直接决定了船舶优化问题的优良与否。船体几何表达与重构可分为两种类型。一种是基于船型参数的,即将船体几何抽象为一系列表示其特征的具体参数,如 L/B、C_B、C_P、C_W 等。这种表达方式简单易用,可以直接反映船舶的主要特征。几何重构中的设计变量很少,很容易继承母型船的特性,并且设计的变量通常与性能密切相关,易于应用快速评估方法(统计资料、回归公式、势流方法等)。因此,这种几何表示和重构方法被广泛用于船舶设计阶段的船舶形状优化设计。然而,这种表示不是直观的,并且对应于特征参数的船体形状不是唯一的;几何重构也有一定的局限性,因为很难实现船体的局部细微变化并限制了船体配置的设计空间。目前,国内开展船型优化设计时几何重构基本上都采用该类方法,如经典的 Lackenby 变换法、参数化模型法等。另一种船体几何表达与重构方法是基于几何参数的,即采用几何造型技术,用三维曲面或三向投影的二维曲线来表达船体几何外形。这种表达方式直观、精确、唯一,可直接用于实际工程设计;几何重构通过采用一组参数(控制点)控制船体几何形状的变形(整船或局部)来实现。该类重构方法能够反映船体几何局部的细微变化,具有很好的适应性,既可用于方案设计阶段的船型优化设计,也可用于详细设计阶段。此外,重构后的船体几何可直接用于高精度评估器的数值建模,因此,该类方法的研究应用已成为当前几何重构技术研究的热点。其中,叠加调和方法(morphing approach)是将已知的两个或多个归一化后的母型船进行线性叠加来获得新的船型。该方法设计变量少,易于实现,但重构后的船型受限于已知的母型船,船舶构型设计空间较小,主要用于船舶整体几何重构。Bezier Patch 法、自由变形(free-form deformation,FFD)法、基于 CAD 法(CAD-based approach)是采用几何造型技术,利用若干个控制点位置的变化来实现船体几何的重构,这 3 种几何重构方法能够精确表达船体几何外形,并能够实现船体几何细微变化,比较灵活,可用于整体或局部几何重构,设计变量数量也适当,重构后的船体型值可直接用于高精度评估器的数值建模。由于具有上述优点,这 3 种方法在国外已得到较多的应用,而国内目前还没有取得突破。上述几种船体几何重构方法的优缺点列于表 3-1 中。

表 3-1 船舶几何重构优缺点比较一览表

类　型	船型重构方法	优　　点	缺　　点
基于船型参数	Lackbney 变换法	设计变量少	构型设计空间小,仅能获得与母船型相似船型
	参数化模型法	可用于船体局部和整体	不够灵活
基于船体几何	叠加调和法	设计变量少,易实现	构型设计空间小,很难获得尽可能多的不同船体几何
	Bezier Patch 法	设计变量少,易保持光顺	局部重构,约束变量多
	FFD 法	设计变量适当、比较灵活、可实现复杂几何的局部和整体重构	需合理选择控制点作为变量
	基于 CAD 法	可实现复杂几何重构	设计变量多

3.5　常用的船体几何重构方法

3.5.1　船型修改函数法

采用参数化方法表达船体几何形状,利用数学上的最优化方法进行船型优化设计,在国外,日本研究比较突出,从 20 世纪 60 年代开始就把参数化技术用于船型生成中。进入 20 世纪 80 年代以后,各国都投入了大量的人力和财力,很多成果陆续发表。铃木和夫等研究了基于 Rankine 源法的最小兴波阻力船型,设计了一种三角级数的船型修改函数来表达船体形状,如图 3-4 和图 3-5 所示。此后的一些学者以此船型修改函数为基础进行修改或变形来表达船体局部和整体形状。

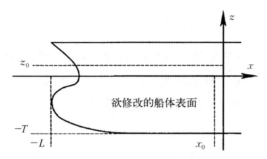

图 3-4 船型修改函数表达船型的应用

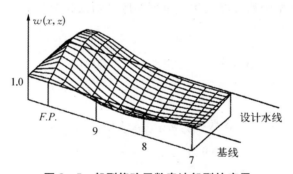

图 3-5 船型修改函数表达船型的应用

船型修改函数法是通过采用某种级数表示船型的变化,该级数可以是三角函数或者是多项式,船体形状的变化完全由该级数的参数决定。该方法的优点是设计参数可以直接作为优化问题的设计变量,对船型的整体和局部都能实现参数化表达,设计变量少;缺点是不够灵活,几何空间较小,最优船型形状的变化趋势完全被船型修改函数所限制。

该方法的思想是:最优船型的形状 $y(x,z)$ 采用在母型船 $f_0(x,z)$ 的基础上乘上一个船型修改函数 $w(x,z)$ 来表达,即

$$y(x,z)=f_0(x,z)w(x,z) \tag{3-1}$$

式中，$w(x, z) > 0$ $(x > x_0, z < z_0)$ 且

$$w(x, z) = 1 - \sum_m \sum_n \alpha_{mn} \sin\left[\pi\left(\frac{x - x_0}{x_{\min} - x_0}\right)^{m+2}\right] \cdot \sin\left[\pi\left(\frac{z_0 - z}{z_0 + T}\right)^{n+2}\right]$$

$$m, n = 1, 2, 3, \cdots, \quad -L/2 \leqslant x \leqslant 0$$

$$w(x, z) = 1 - \sum_m \sum_n \alpha_{mn} \sin\left[\pi\left(\frac{x - x_0}{x_{\max} - x_0}\right)^{m+2}\right] \cdot \sin\left[\pi\left(\frac{z_0 - z}{z_0 + T}\right)^{n+2}\right]$$

$$m, n = 1, 2, 3, \cdots, \quad 0 \leqslant x \leqslant L/2$$

式中，L 是船首（包括球鼻艏）最前端的纵向坐标；T 一般是欲修改的最大深度坐标，若维持基线不变，则 T 就是吃水。固定 m，$n = 1$、2、3、4、5，共 25 个 α_{mn}，设计变量只有 25 个，所以选择船型修改函数减少了设计变量个数，提高了优化计算速度。

3.5.2 多项式展开式法

设计船的船型函数可以表达成母型船船型函数和相对于母型船的变化量函数之和的形式，即

$$y(x, z) = y_0(x, z) + \Delta y(x, z) \tag{3-2}$$

式中，

$$\Delta y(x, z) = \Delta y(x)_{z=\text{WL1}} + \Delta y(x)_{z=\text{WL2}} + \Delta y(x)_{z=\text{WL3}}$$
$$+ \Delta y(x)_{z=\text{WL4}} + \cdots + \Delta y(x)_{z=\text{WLN}}$$

将沿着型深方向的 z 固定，这样各单位变化函数只表示 x 的函数，然后将各单位变化函数多项式沿着 x 方向展开，即

$$\Delta y(x)_{z=\text{WL1}} = a_{01} + a_{11}x + a_{21}x^2 + a_{31}x^3 + \cdots + a_{k1}x^k \Delta y(x)_{z=\text{WL2}}$$
$$= a_{02} + a_{12}x + a_{22}x^2 + a_{32}x^3 + \cdots + a_{k2}x^k \Delta y(x)_{z=\text{WL3}}$$
$$= a_{03} + a_{13}x + a_{23}x^2 + a_{33}x^3 + \cdots + a_{k3}x^k \cdots \Delta y(x)_{z=\text{WLN}}$$
$$= a_{0N} + a_{1N}x + a_{2N}x^2 + a_{3N}x^3 + \cdots + a_{kN}x^k \tag{3-3}$$

式中，$[A] = a_{01}, a_{11}, \cdots, a_{kN}$ 是被展开的各单位变化函数的参数。如果参数 $[A]$ 给定，则各个单位变换函数的值就能够确定下来，因此，各条水线位置（WL1，WL2，WL3，$\cdots$，WLN）沿 X 方向的船宽变化量就可以求出来。其次，

已知各水线位置(WL1，WL2，WL3，…，WLN)各单位变化函数的值就可以通过3次样条插值函数求出。这个插值函数是以 $N_{mi}(\zeta)$、$N_{mj}(\xi)$ 为基底，沿着型深方向进行插值。

$$\Delta y = \sum_{i=1}^{n+m}\sum_{j=1}^{k+m} c_{ij} N_{mi}(\zeta) N_{mj}(\xi) \tag{3-4}$$

式中，N_{mi} 和 N_{mj} 是标准 B-Spline 函数；n，k 是修改范围内 ξ 和 ζ 方向的内部节点(端点除外)的个数；m 是 B-Spline 函数的阶数。

取 $m=4$，$n=3$，$k=2$，即

$$\xi_{-3} = \xi_{-2} = \xi_{-1} = \xi_0 < \xi_1 < \xi_2 < \cdots < \xi_{n+1} = \xi_{n+2} = \xi_{n+3} = \xi_{n+4}$$

$$\zeta_{-3} = \zeta_{-2} = \zeta_{-1} = \zeta_0 < \zeta_1 < \zeta_2 < \cdots < \zeta_{n+1} = \zeta_{n+2} = \zeta_{n+3} = \zeta_{n+4}$$

以 B-Spline 函数的参数为设计变量，则设计变量的个数一共是 12 个，如表 3-2 所示。

表 3-2　B-Spline 函数的参数为设计变量

C_{ij}	$i=1$	2	3	4	5	6	7
$j=6$	0.0	0.0	0.0	0.0	0.0	0.0	0.0
5	0.0	0.0	0.0	0.0	0.0	0.0	0.0
4	0.0	0.0	**1.0**	**1.0**	**1.0**	0.0	0.0
3	0.0	0.0	**1.0**	**1.0**	**1.0**	0.0	0.0
2	0.0	0.0	**1.0**	**1.0**	**1.0**	0.0	0.0
1	0.0	0.0	**1.0**	**1.0**	**1.0**	0.0	0.0

3.5.3　样条函数法

采用样条函数法表达船体形状的变化方法主要有两种：一种是 B 样条曲线，船体表面形状可以用 B 样条函数来定义，B 样条函数的参数作为设计变量，但该方法较复杂，设计变量较多；另一种方法是采用 NURBS 曲线或曲面，控制顶点可以直接作为优化问题的设计变量，应用范围较广。

在 ξ 方向上把船体分成 n 个剖面，而每个剖面又等分成 ζ 方向的 m 个点，根据式(3-4)计算 ξ、ζ 两个方向的 B 样条基函数：$N_{mi}(\zeta)$ 和 $N_{mj}(\xi)$，如图 3-6 所示。

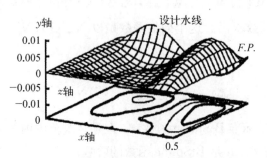

图 3-6　B 样条曲线表达船型应用示意图

$$\eta = \delta y = \sum_{i=1}^{n+m}\sum_{j=1}^{k+m} c_{ij} N_{mi}(\zeta) N_{mj}(\xi) \qquad (3-5)$$

濱本準一等研究了基于非线型规划法的最小黏性阻力船型艉部优化问题，采用 B 样条函数表达船体形状。增田聖始、铃木和夫采用 N 阶多项式函数和样条插值的方法来表达船体形状，分别研究了最小推力减额分数船型和基于势流理论的最小二次流能量的船体艉部形状设计问题，获得较大的解空间。

3.5.4　几何造型技术

几何造型技术是计算机辅助几何设计和计算机图形学的完美结合，其核心内容是既要找到适合计算机处理且有效地满足形状表示与几何设计要求，又便于形状信息传递和产品数据交换的形状描述的数学方法。船型设计常用的几何造型技术有：FFD 法、Bezier 补丁法和 NURBS 曲面构造方法等。

1) FFD 法

自由变形技术是计算机图形学中的重要分支，最早由 Sederberg 和 Parry 在 1986 年提出的，在最近 20 年获得了突飞猛进的发展。它的主要思想是将待变形目标嵌入由若干控制顶点构成的格子中，然后移动控制顶点，格子的变形将传递给内部目标，引起内部目标的变形。该方法能够用于任何曲面的实体造型系统，不受表示模式的限制，能够对原始的曲面进行局部或全局的变形，变形后的曲面能够保持几何连续性。独立于物体的表示形式，非常容易集成于现有的软件造型系统。在产生物体的形状动画方面具有良好的交互性和可控性，其缺点是该方法不易进行变形控制，变形难以精确地达到预期效果，对复杂物体表面进行表达时，设计变量较多。

FFD 法采用 Bernstein 基函数来建立晶格节点与晶格内任意点的位置之间

的函数关系式,其表达式为

$$
\begin{aligned}
& \boldsymbol{x}(s, t, u) + \Delta\boldsymbol{x}(s, t, u) = \\
& \sum_{i=1}^{l}\sum_{j=1}^{m}\sum_{k=1}^{n}\left[B_{l-1}^{i-1}(s)B_{m-1}^{j-1}(t)B_{n-1}^{k-1}(u)\right] \cdot \left[\boldsymbol{P}_{i,j,k} + \Delta\boldsymbol{P}_{i,j,k}\right]
\end{aligned}
\tag{3-6}
$$

$$
\Delta\boldsymbol{x}(s, t, u) = \sum_{i=1}^{l}\sum_{j=1}^{m}\sum_{k=1}^{n}\left[B_{l-1}^{i-1}(s)B_{m-1}^{j-1}(t)B_{n-1}^{k-1}(u)\right] \cdot \Delta\boldsymbol{P}_{i,j,k} \tag{3-7}
$$

式中,$\boldsymbol{x}(s, t, u)$ 为控制框架内任意一点全局坐标值;$\boldsymbol{P}_{ijk}$ 为控制网格点 (i, j, k) 的坐标矩阵;$\Delta\boldsymbol{P}_{ijk}$ 为控制网格点 (i, j, k) 的位移矩阵;$l \times n \times m$ 为控制网格点;(s, t, u) 为控制晶格中的局部坐标;$B_{l-1}^{i-1}(s)$ 为 $l-1$ 阶 Bermstein 多项式中的第 $i-1$ 个,其表达式为

$$
B_{l-1}^{i-1}(s) = \frac{(l-1)!}{(i-1)!\ (l-1)!}s^{i-1}\ (1-s)^{l-i} \tag{3-8}
$$

上式写成矩阵形式为

$$
\Delta\boldsymbol{x} = B(s, t, u) \cdot \Delta\boldsymbol{P} \tag{3-9}
$$

采用基于 FFD 法实现船体几何形状的生成和网格变形,其变形的具体步骤如下:

(1) 构造一个参数体。变形体被定义在一个封闭的三维点阵控制顶点和一组相应的参数基函数中。因此,每个点 (x, y, z) 都被映射到一组参数坐标 (u, v, w) 上。

三维网格由控制点的有序网格组成:

$$
V_{i,j,k} = (x_{i,j,k}, y_{i,j,k}, z_{i,j,k}) \tag{3-10}
$$

$$
\begin{aligned}
V_{i,j,k} \\
W_{i,j,k}
\end{aligned}
\begin{cases}
0 \leqslant i \leqslant a \\
0 \leqslant j \leqslant b \\
0 \leqslant k \leqslant c
\end{cases}
\tag{3-11}
$$

式中,V_{ijk} 为各个控制顶点;W_{ijk} 为每个控制顶点最初的设置单元;a、b、c 分别为 u,v,w 参数方向分割线的数量。

创建网格点以后,都会分配到一个有序的 B 样条基函数 (u, v, w),每个参数变量的顺序有可能不同,如下所示:

$$2 \leqslant p \leqslant (a+1)$$
$$2 \leqslant m \leqslant (b+1) \tag{3-12}$$
$$2 \leqslant n \leqslant (c+1)$$

式中，p、m、n 为基函数 u、v、w 参数方向的各自顺序。相应的节点向量为

$$\boldsymbol{U} = (u_0, u_1, \cdots, u_q), \; q = a + 2(p-1)$$
$$\boldsymbol{V} = (v_0, v_1, \cdots, v_q), \; q = b + 2(m-1) \tag{3-13}$$
$$\boldsymbol{W} = (w_0, w_1, \cdots, w_q), \; q = c + 2(n-1)$$

为每个有相等秩序基础的端点构建一个非均匀节点向量以确保三维网格体积新值的插入。下面是节点向量 $\boldsymbol{U}$ 的表达式（$\boldsymbol{V}$、$\boldsymbol{W}$ 与其相似）：

$$u_i \begin{cases} 0 & 0 \leqslant i \leqslant p \\ i-(p-1) & p \leqslant i \leqslant (q-p) \\ a & (q-p) \leqslant i \leqslant q \end{cases} \tag{3-14}$$

给每个节点向量分配随机的 B 样条基函数，基函数采用 W 标准的递推公式来衡量：

$$B_{i,r}(t) = \frac{t-t_i}{t_{i+r-1}-t_i} B_{i,r-1}(t) + \frac{t_{i+r}-t}{t_{i+r}-t_{i+1}} B_{i,r-1}(t) \tag{3-15}$$

$$B_{i,r} = \begin{cases} 0 & t_i \leqslant t \leqslant t_{i+1} \\ 1 & \text{其他} \end{cases}$$

式中，$i \in \{0, 1, 2, 3, \cdots, q\}$；$q$ 为节点的数量；B 为 B 样条基函数；$\boldsymbol{W}$ 等于零。

物体上的点是在 B 样条基础上建立简单的扩展公式来计算的，三变量的 B 样条公式为

$$P(u, v, w) = \frac{\displaystyle\sum_{i=0}^{q} \sum_{j=0}^{r} \sum_{k=0}^{s} B_{i,p}(u) B_{j,m}(v) B_{k,n}(w) W_{i,j,k} V_{i,j,k}}{\displaystyle\sum_{i=0}^{q} \sum_{j=0}^{r} \sum_{k=0}^{s} B_{i,p}(u) B_{j,m}(v) B_{k,n}(w) W_{i,j,k}} \tag{3-16}$$

式中，P 为笛卡尔坐标向量 (x, y, z) 模型上的一点。

（2）"嵌入"对象到参数体中。反点问题已经解决了嵌入式对象的描述，即每个点 (x, y, z) 的参数坐标 (u, v, w) 已确定。

如前所述,嵌入固体内的对象,包括识别变形物体相关的参数坐标点集,网格的正交性,以及与数据轴的对齐性,需要把问题分成 H 个部分,即每个参数变量为 (u, v, w),使用黄金分割数值搜索找到每个参数坐标和确定界限点所属的跨度来设置搜索范围;每个有意义的矢量点间隔对应固体内样条跨度;每个跨度的边界是由评估适当的截断点值决定的,可以很容易地确定每个点对应的跨度对象。为了方便起见,使用不同节点段的中点作为初始估计值。

(3)参数体的变形。这个过程通常是三维网格顶点的被取代。

与先前的 FFD 法比较,通过取代晶格控制点可改变封闭固体。因为 B 样条基函数排除了需要人为地保持固体之间跨度的连续性,所以变形是一个几乎没有限制的过程。

(4)嵌入对象变形影响的评价。使用与变形控制点阵[步骤(3)]的参数坐标点评估嵌入的点集新位置,然后使用原始模型的拓扑来重构变形对象。

使用递归公式有效评价 B 样条基函数的几个算法。评估变形对嵌入对象的影响是一个非常简单的过程。该方法提供了对嵌入式对象网格形变影响的实时评估。然而,对于有几个不同的变形的复杂对象,在计算的影响之前,通常是执行所有网格变形更为实用。

以 DTMB5415 船模为例,首先建立船体表面控制点,如图 3-7 所示。除了球鼻艏附近的点 1~3 以外,其他控制点保持不动,目的是为了保证球鼻艏与主船体光滑连接。通过改变控制点的距离和方向后,球鼻艏表面形状发生了变化,生成光顺的新曲面。

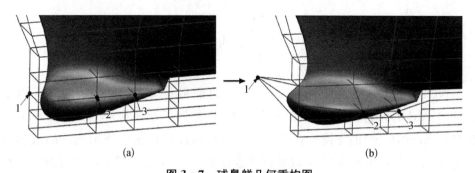

(a)   (b)

图 3-7　球鼻艏几何重构图

(a) 重构前;(b) 重构后

2) Bezier 补丁法

1971 年,法国 Renault 汽车公司的 Bezier 正式发表了一种由控制多边形定义曲线的方法,设计人员只需移动控制顶点就可以方便地修改曲线的形状,而且形状的变化完全在预料之中,因而得到了广泛的应用。由于 Bezier 方法没有局部特性,Gordon 和 Riesenfild 进行了修改,使设计者能够方便地对曲面进行修改。该方法在船型设计领域较常用。它是通过在母型船体上(局部)叠加一片或多片 Bezier 曲面,通过变化 Bezier 曲线的节点位置获得不同的曲面形状,实现船体几何局部重构,节点位置可直接作为优化问题的设计变量。该方法的优点是设计变量较少,光顺性容易满足,缺点是只能实现船体的局部几何重构。

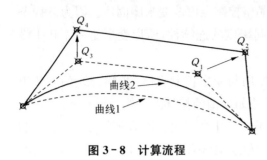

图 3-8　计算流程

Bezier 曲线形状仅与特征多边形顶点的位置有关,如图 3-8 所示。Bezier 曲线 1 形状由 4 个控制点控制,其中艏艉两个点在原始曲线上,而另外两个控制点 Q_1 和 Q_3 不在该曲线上。通过改变曲线控制点 Q_1 和 Q_3,则原始 Bezier 曲线 1 变化成新的 Bezier 曲线 2,球鼻艏的几何外形就会发生变化,从而实现球鼻艏几何重构。给定空间 $n+1$ 个点的位置矢量 $Q_j(j=0, 1, 2, \cdots, k)$,Bezier 曲线上各点坐标的插值公式为

$$r(u) = \sum_{j=0}^{k} Q_j N_{j, k}(u) \quad u \in [0, 1] \tag{3-17}$$

式中,Q_i 是 Bezier 参数曲线控制顶点。

$$N_{j, k}(u) = C_n^j u^j (1-u)^{n-j} = \frac{k!}{j!(k-j)!} u^j (1-u)^{k-j} (j=0, 1, 2, \cdots, k)$$

3) NURBS 曲面构造方法

NURBS 是一种先进的参数化曲线、曲面造型方法,近年来被广泛用于 CAD/CAM 的计算和计算机图形学领域,并得到了众多国际标准(如 STEP、IGES/OpenGL 等)的支持。它可以在一个几何设计系统中使用统一的数学模型来表示二次曲线或曲面,可以通过修改控制顶点、节点矢量的方法对曲面进行修改,这种修改具有良好的几何特性,可以方便地表达用户所需的各种不同形状,尤其是在汽车车身设计、飞机外形设计和船型设计等领域。目前一些优秀的 CAD/CAM 软件如 UG、CATIA、3DMAX 等都采用了该技术。

NURBS 曲面构造方法能够准确地表达特征曲面,精度和光顺性好。

NURBS方法又称为非均匀有理B样条曲面重构法,数学表达式可以表示为

$$P(u, v) = \frac{\sum\limits_{i=0}^{n}\sum\limits_{j=0}^{m}\omega_{i,j}P_{i,j}N_{i,k}(u)N_{j,i}(v)}{\sum\limits_{i=0}^{n}\sum\limits_{j=0}^{m}\omega_{i,j}N_{i,k}(u)N_{j,i}(v)} \tag{3-18}$$

式中,$P_{i,j}$是已经给出的$n \times m$个矩形阵列控制顶点,形成一个控制网格;$\omega_{i,j}$是相应控制点P_{ij}的权因子序列,且规定ω_{ij}大于零,并保证基函数大于或等于零;$N_{i,k}(u)$和$N_{j,i}(v)$分别为u方向k次和v方向i次的规范B样条基函数,k表示u方向B样条基的次数,i表示v方向B样条基的次数。它们分别有u方向和v方向的节点矢量$\boldsymbol{u}=[u_0, u_1, \cdots, u_{m+k+1}]$和$\boldsymbol{v}=[v_0, v_1, \cdots, v_{n+l+1}]$。

采用NURBS控制网格参数化方法对船体几何形状进行修改,将控制顶点坐标$P_{i,j}$作为设计变量。控制顶点坐标$P_{i,j}$可以沿着x、y和z轴3个方向进行移动变化。为了保证变化后的曲面更加光顺,采用人工设定控制点的移动距离与移动方向方法对控制点进行变换。当移动控制顶点坐标$P_{i,j}$后,根据曲面生成算法计算变化后的NURBS曲面,如图3-9所示。

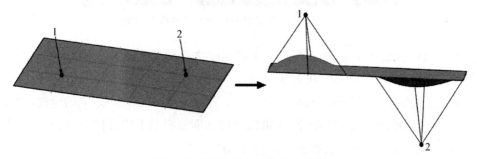

图3-9 NURBS曲面变化示意图

4) ASD技术

为了实现网格变形,Optimal Solutions公司研发了ASD(arbilrary shape deformation)技术,在原有的CFD网格节点外增加一个控制域作为Sculptor的变量,通过对控制域上控制点的位置的改变,简单方便地达到网格变形的目的,如图3-10和图3-11所示。

ASD技术是一种基于B样条的几何变换方法。该方法首先要求在几何体外部建立ASD控制体,一个ASD控制体包括各个控制点以及控制点之间的连

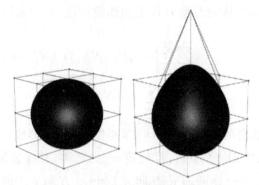

图 3 - 10　球体的网格自动变形过程

图 3 - 11　汽车首尾部分自动变形过程示意图

接线。当控制点移动时,相关区域的形状也随之移动变化,改变后的几何仍然能够保证 3 阶曲面连续,甚至在大变形条件下也能保证较好的变形质量,这种直接变形方法为复杂几何的变形提供了可能性。因此,可以根据用户定义的运动特点,采用较少的设计变量,实现优化,还可以直接在网格模型上定义控制点,避免了重新划分网格,与传统的方法相比,节约了计算时间。

在传统的仿真和设计优化过程中,遵循的是"更新几何造型—重划分网格—仿真求解—优化迭代"的四过程,即当方案的几何参数发生变化之后,工程师需要更新几何造型,并重新用 CAE 前处理器进行网格划分和模型设置,如图 3 - 12 所示,但这种方式存在明显的局限性:

(1) 对几何造型的参数化要求高,并且不能保证几何参数变化后能否生成合理的造型,几何造型甚至可能更新失败。

(2) 网格重新划分需要花费大量的时间,网格质量很难完全得到保证(特别是在复杂几何特征位置处的网格或者 CFD 中的边界层网格,仍然需要人工干预

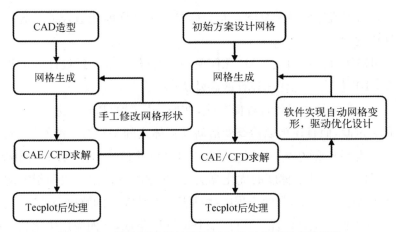

图 3 - 12　传统网格设计流程和自动网格变形设计流程

和检查),也存在网格划分失败的风险。

(3) 传统的"更新几何造型—重新划分网格—仿真求解—优化迭代"的设计周期较长,开发成本也未能得到有效降低,极大地阻碍了仿真和优化技术在工程中的普及和应用。

Sculptor 软件是美国 Optimal Solutions 公司基于多年的计算流体力学方面的研究和工作经验,研发出的致力于解决自动化网格变形的应用软件。它能够导入相应的 CFD 软件的网格文件,如 Fluent、Star - CD、PlotSd、NASTRAN 等,按照工程师的要求,对其网格进行变形操作,并能够实时地观察变形的效果。Sculptor 的网格变形技术和 CFD 软件的结合的使用已经经历了很多年的时间,并且由于这一技术的引用进一步开发了 CFD 的设计潜力。

Sculptor 是基于均匀 B 样条技术的网格变形和形状优化工具,能够帮助仿真工程师节省网格重复划分的时间,帮助设计人员快速自动地实现几何形状优化,提高产品研制水平。Sculptor 具有如下特点:

(1) 直接在 CFD/FEM 网格模型上自定义几何参数,无须 CAD 模型参数化,可用于复杂无参数曲面优化。

(2) 只变化局部区域的网格,无须重新划分,这样大大节省了划网格的时间,保证了网格质量,适合大规模仿真技术的应用。

(3) 精确地控制局部区域的几何外形。几何的局部变化不会影响到其他位置,这样,就能更好捕捉设计人员的意图。

(4) 变形后网格边界曲率导数连续。这样,就能更好地控制网格质量,特别是附面层、流动敏感区域的几何外形。

（5）结构和流体网格共享同一套变形参数。这样就能适合进行流固耦合相关的设计优化问题。

（6）网格能直接返回成 CAD 几何模型。这样，就能帮助设计人员快速获得几何方案，实现仿真—优化—设计的高效协同。

Sculptor 使传统的设计过程简单化，在原有模型的基础上进行局部形变，并实现了光滑过渡，而且还可以检查变形后几何体之间是否有干涉问题，大大节省了工程师在需要改变物体外形时重新构建 CAD 几何体和重新划分网格所需要的时间；内部嵌入了基于梯度的优化算法，因此它能够根据工程师制定的优化任务，对设计问题进行优化，帮助工程师找到满足设计需求的解决办法；采用批处理模式，可以很方便地被其他优化软件（如 iSIGHT）集成，从而应用优化软件中的优化算法对设计问题进行优化；基于 NURBS 技术的网格变形工具，能够在几何变化后快速生成高阶光滑的高质量网格，极大节省了几何体重建和网格重构的时间。这种模式特别适合与流体、流固耦合和结构形状相关的设计优化问题，网格变形后的形状能直接导成 CAD 设计方案，提高设计效率，变形之后得到的仍然是可以被 CFD 软件读取的文件，设计者可以将其导入到相应的分析软件中进行分析。

参 考 文 献

［1］杨磊，李胜忠，赵峰.基于 CFD 的船型优化设计内涵及关键技术分析［J］.船舶力学，2010，14(7)：406－412.

［2］刘平，张恒，程红，等.舰船型线生成及几何重构方法研究综述［J］.舰船科学技术，2014，36(6)：1－6.

［3］Jochen Marzi. Use of CFD methods for hull form optimization in a model basin［J］. MARNET－CFD Workshop，2003，1－8.

［4］Harries S. Parametric Design and Hydrodynamic Optimization of Ship Hull Forms［D］. Germany：Institut für Schiffs-und Meerestechnik，Technische Universit Berlin，1998.

［5］Harries S. Systematic optimization-a key for improving ship hydrodynamics［J］. Hansa，2005，142(12).36－43.

［6］Abt C，Harries S. FRIENDSHIP-Framework-integrating ship-design modeling simulation and optimization［J］. The Naval Architect，RINA，2007(1)：1－8.

［7］Kim H. Multi-Objective Optimization for Ship Hull Form Design［D］. America：George Mason University，2009.

［8］Peri D，Rossetti M，Campana E F. Design optimization of ship hulls via CFD techniques［J］. Journa of Ship Research，2001，45(2)：140－149.

[9] Peri D, Campana E F. Multidisciplinary Design Optimization of a Naval Surface Combatant[J]. Journal of Ship Research, 2003, 47(1): 1-12.

[10] Peri D, Campana E F. High-Fidelity Models and Multiobjective Global Optimization Algorithms in Simulation-Based Design[J]. Journal of Ship Research, 2005, 49(3): 159-175.

[11] Tahara Y, Peri D, Campana E F, et al. Computational fluid dynamics-Based Multiobjective optimization of a surface combatant[J]. Marine Science and Technology, 2008, 13(2): 95-116.

[12] Campana E F, Peri D. Shape optimization in ship hydrodynamics using computational fluid dynamics [J]. Computer Methods in Applied. Mechanics and Engineering, 2006. 196: 634-651.

[13] 周超俊.计算机辅助船体线型设计[M].上海：上海交通大学出版社,1992.

[14] 张萍.船型参数化设计[D].无锡：江南大学,2009.

[15] Zhang P, Zhu D X, Leng W H. Parametric Approach to Design of Hull Forms [J]. Journal of Hydrodynamics, Ser. B, 2008, 20(6): 804-810.

[16] 谢云平,刘钊,张浩.基于 NAPA 的圆舭艇型线参数化设计方法[J].船舶工程,2009,31 (6): 8-11

[17] 张宝吉.船体线型优化设计方法及最小阻力船型研究[D].大连：大连理工大学,2009.

[18] Zhang B J, Ma K, Ji Z S. The optimization study for hull form of minimum wave making resistance based on Rankine source method [J]. Journal of Hydrodynamics, Ser. B, 2009, 21(2): 277-284.

[19] Zhang B J, Ma K. Study on hull form optimization for minimum resistance based on Niche Genetic Algorithms[J]. Journal of Ship Production and Design, 2011, 27(4): 162-168.

[20] 于雁云.船舶与海洋平台三维参数化总体设计方法研究[D]. 大连：大连理工大学,2009.

[21] 傅慧萍,陈作钢.以伴流均匀度为目标的尾部线型优化[J].上海交通大学学报,2010,44 (10): 1430-1433.

[22] 冯佰威,刘祖源,詹成胜,等.基于船型修改融合方法的参数化建模技术[J].计算机辅助 工程,2010,19(4): 3-7.

[23] 李胜忠.基于 SBD 技术的船舶水动力构型优化设计研究[D]. 无锡：中国船舶科学研究 中心,2012.

[24] 安部光弘,大楠丹.船型計画における造波抵抗理論の応用例[J].日本造船協會論文集, 1966(119),60-72.

[25] 鈴木和夫,伊岡森信臣.Rankine source 法に基づく造波抵抗最小船型の計算[J].日本造 船学会論文集,1999(185): 9-19.

［26］Yasukawa H，Heavy M. Ship Form Improvement using Genetic Algorithm［J］. Ship Technology Research，2000，47，35 - 44.

［27］Takumi Y，Kazuo S. Hydrodynamic Shape Optimization of Bow Bulbs Based on Rankine Source Method［J］. Journal of the Kansai Society of Naval Architects，Japan，2001（325）：39 - 47.

［28］Saha G K，Suzuki K，Kai H. Hydrodynamic Optimization of Ship hull Forms in Shallow Water［J］. Journal of Marine Science and Technology，2004，9(2)：51 - 62.

［29］Saha G K，Suzuki K，Kai H. Hydrodynamic optimization of a catamaran hull with large bow and stern bulbs installed on the center plane of the catamaran［J］. Journal of Marine Science and Technology，2005(10)：32 - 40.

［30］Hirayama A，Ando J. Study on Mul-tiobjective Hull Optimization for Resistance in Still Water and Added Resistance in Waves-Mul-tiobjective Optimization Using Real-Coded Genetic Algorithm［J］. The Japan Society of Naval Architects and Ocean Engineers，2008(7)：213 - 222.

［31］Jun-ichi H，Himeno Y，Tahara Y. Hull Form Optimization by Nonlinear Programming (Part 4)：Improvement of Stern Form for Wake and Viscous Resistance［J］Journal of the Kansai Society of Naval Architects，Japan，1996(225)：15 - 21.

［32］Jun-ichi H，Himeno Y，Tahara Y. Hull Form Optimization by Nonlinear Programming (Part 3)：Improvement of Stern Form for Wake and Viscous Resistance［J］. Journal of the Kansai Society of Naval Architects，Japan，1996(225) ：1 - 6.

［33］Jun-ichi H，Himeno Y，Masatoshi B. Hull Form Optimization by Nonlinear Programming：Part 2：Improvement of Hull Form for Minimizing Wave Resistance［J］. Journal of the Kansai Society of Naval Architects，Japan，1995(224)：13 - 19.

［34］Masuda S，Suzuki K，Kasahara Y. An Optimization Method for Full Form Ships Using a Simple Prediction of the Thrust Deduction Factor［J］. Journal of the Kansai Society of Naval Architects，Japan，2002(237)：33 - 38.

［35］Suzuki K，Kai H，Kashiwabara S. Studies on the optimization of stern hull form based on a potential flow solver［J］. Journal of Marine Science and Technology，2005，10(2)：61 - 69.

［36］徐岗,汪国昭,陈小雕.自由变形技术及其应用［J］.计算机研究与发展,2010,47(2)：344 - 352.

［37］邓志杰,曹敬.FFD 算法的研究与应用［J］.计算机技术与发展,2013,23(12)：116 - 119.

［38］德忙热,晡热.曲线与曲面的数学［M］.王向东,译.北京：商务印书馆,2000.

［39］吴广领,张秋菊.计算机辅助 NURBS 曲面建模技术的研究与实现［J］.江南大学学报(自然科学版),2011,10(2)：158 - 161.

优化方法和优化平台

　　船型优化是典型的工程优化问题,涉及众多的设计变量和约束条件,而且目标函数和设计变量之间往往是隐式关系,具有很强的非线性。所以,如何获得全局最优解成为求解船型优化问题的关键技术。目前的最优化技术大体上可分为三大类:第一类为传统优化算法,根据给定的初始值,基于梯度信息进行搜索,在优化过程中能够获得局部最优解,当多个峰值的初始值不同时,会搜索到不同的局部最小值,故也称为随机搜索算法;第二类为现代优化算法,也称为全局优化算法,它综合了定向搜索与随机搜索的优点,可以取得较好的区域探索与空间扩展的平衡,但搜索速度较慢;第三类为混合优化算法,将传统优化算法搜索速度快和现代优化算法搜索空间广两种优势有机地结合起来,能够快速得到全局最优解。它是最近发展速度较快的一种优化方法。近年来,又出现了一类优化平台,比较常用的如 ISIGH 和 CAESES,将所研究问题用的软件或程序在此平台上进行集成,或进行二次开发,从而获得优化问题的数学模型,可以节省编写程序的麻烦,大大方便了船型优化。

4.1　传统优化方法

　　利用最优化的理论和方法解决生产实际和自然科学中的具体问题,一般分两个步骤:

　　(1)建立数学模型。即对所要解决的具体问题进行分析研究,加以简化,形成最优化问题。

　　(2)进行数学加工和求解。即将所得的最优化问题进行整理和变换,使之成为易于求解的形式;选择或提出解决该问题的适当的计算方法;编制计算程序并上机计算;分析计算结果,看其是否符合模型。

　　工程中,像船舶领域遇到的问题主要是解约束优化的非线性规划问题。约束优化方法大体可分为以下4类:

（1）用线性规划或二次规划来逐次逼近非线性规划的方法，如 SLP 法、SQP 法等。

（2）把约束优化问题转化为无约束优化问题来求解的方法，如 SUMT[①] 外点法、SUMT 内点法等。

（3）对约束优化问题不预先作转换，而直接进行处理的分析方法，如可行方向法、梯度投影法、既约梯度法等。

（4）对约束优化问题不预先作转换的直接搜索方法，如复行法、随机试验法等。

本书中运用混合罚函数法（SUMT 内外点法）将约束优化问题转变成无约束优化问题，选用合适的直接搜索法进行无约束优化处理。

4.1.1　非线性规划基本思想

非线性规划的一般模型为

$$(P)\ \min_{x \in S} f(x) \tag{4-1}$$

式中，S 为 R^n 的子集，$f(x)$ 定义在 S 上或 R^n 上。

当 $S = R^n$ 时，对应的规划（P）称为无约束问题；当 S 为 R^n 的子集时，对应的（P）称为约束问题。问题 $\max_{x \in S} f(x)$ 可化为等价的 $\min_{x \in S} -f(x)$，故仅需要考虑极小化问题，称 S 为（P）的可行集，可行集中的点 $\bar{x}$ 称为可行点，称 $f(x)$ 为（P）的目标函数。使 f 在 S 上取到极小的点 x^* 称为（P）的最优解，或称为（P）的解，对应的目标函数值称为问题的最优值。

定义 1　设 S 为 R^n 中的非空集，$f: S \to R$。对 $x^* \in S$，若存在 $\varepsilon > 0$ 使得：

$$f(x) \geqslant f(x^*), \forall x \in S \bigcap O(x^*, \varepsilon) \tag{4-2}$$

其中，$O(x^*, \varepsilon)$ 为 R^n 中的以 x^* 为球心 ε 为半径的开球，即

$$O(x^*, \varepsilon) = \{x \in R^n : \| x - x^* \| < \varepsilon\} \tag{4-3}$$

则说 x^* 是 f 在 S 上的一个局部极小点；若 $f(x) \geqslant f(x^*), \forall x \in S$，则说 x^* 是 f 在 S 上的一个全局极小点；又若式（4-2）或式（4-3）对 $x \neq x^*$ 严格成立，则说 x^* 是 f 在 S 上的一个严格局部（或严格全局）极小点。

特别地，称问题（NP）为标准非线性规划。其中，f，h_i，g_j 都是 R^n 上的实值函数，"$s.t.$"表示"受限制于"，称 $h_i(x) = 0$ 为等式约束；称 $g_i(x) \leqslant 0$ 为不等

---

① 序列无约束最优化方法（seqvential unconstrained minimization techniques）。

式约束。

$$\min f(x)$$
$$s.t. \qquad h_i(x)=0, \ i=1, \cdots, m \quad g_j(x) \leqslant 0, \ j=1, \cdots, p$$

非线性规划中某些理论的建立与凸集和凸函数密切相关。试图将线性规划的理论推广到非线性规划上去,就导致对凸函数的详尽研究,这种研究称为凸分析,它是从 20 世纪 50 年代起才开始发展的年轻学科。这些内容在这里不予以论述。"可行方向"是刻画最优性的重要概念。

定义 2　设 $x \in S \subseteq R^n$。说 $d \in R^n$ 是 x 处(关于 S)的一个可行方向,若存在 $\bar{a} > 0$,使得 $x + \alpha d \in S$,$\forall \alpha \in [0, \bar{a}]$,如图 4-1 所示,$d_1$、$d_2$ 都是 x 的可行方向,而 d_3 不是。

系统运用非线性规划方法,从可行点出发,沿可行方向达到问题的解。

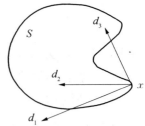

图 4-1　可行方向示意图

4.1.2　梯度法

梯度法(gradient method)是一种最简单的解析法,它的探求思路非常直观。由于函数 $f(X)$ 在 $X(k)$ 处沿负梯度 $-\nabla f[X^{(k)}]$ 方向下降最快,因此很自然想到沿着这个方向探求将是有效的,得

$$X^{(k+1)} = X^{(k)} - \alpha_k \nabla f[X^{(k)}] \qquad (4-4)$$

式中,α_k 是在负梯度方向上的步长。

一般通过在这个方向上的一维最小化,来确定一个最优步长因子 α_k^*,即

$$f[X^{(k)} - \alpha_k^* \nabla f(X^{(k)})] = \min_{\alpha_k^*} f[X^{(k)} - \alpha_k \nabla f(X^{(k)})] \qquad (4-5)$$

当 α_k^* 确定后,便可得到一个新的设计点 $X(k+1)$,然后,再求函数 $f(X)$ 在 $X(k+1)$ 处的梯度,如此反复迭代,直到某点梯度接近于零,梯度为零即为极小点。因为是沿负梯度方向探求,所以称为梯度法,或称最急下降法。

4.1.3　序列无约束最优化方法

实际的最优化问题中,大多数是有约束条件的。如果能够将一个有约束的最优化问题转化为一个无约束最优化问题,就可以用无约束最优化方法来求解。

序列无约束优化方法就是基于这种设想而提出来的。它的思路是：在原约束最小化问题的目标函数中，引进某些反映约束影响的附加项，构成一个新的无约束最优化问题的目标函数，通过合理选择这些附加项，可以使这个新目标函数的无约束最优点序列收敛到原问题的最优点。因此把这个方法称为 SUMT 法。根据附加项的不同又可分为：惩罚函数法、碰壁函数法、混合罚函数法。

1) 惩罚函数法

定义惩罚函数

$$F(x, M_k) = f(x) + M_k p(x) \qquad (4-6)$$

其中，$M_k > 0$ 为常数，称为惩罚因子；$p(x)$ 是定义在 R^n 上的一个函数，称为惩罚项。用惩罚函数法求解约束优化问题的计算步骤如下：

(1) 选取 $M_1 > 0$，精度 $\varepsilon > 0$，$c \geqslant 2$，初始点 $x^{(0)}$，令 $k = 1$。

(2) 以 $x^{(k-1)}$ 为初始点，求解无约束优化问题：

$$\min F(x, M_k) = f(x) + M_k \sum_{i=1}^{L} g_i^+(x)，设其最优解为 x^{(k)} = x(M_k)。$$

(3) 令 $\tau_1 = \max_{1 \leqslant i \leqslant P} \{ | h_i(x^{(k)}) | \}，\tau_2 = \max_{1 \leqslant i \leqslant m} \{ | g_i(x^{(k)}) | \}，\tau = \max\{\tau_1, \tau_2\}$。

(4) 若 $\tau < \varepsilon$，则迭代结束，取 $x^* = x^{(k)}$；否则令 $M_{k+1} = cM_k$，$k = k + 1$，转回第(2)步。

上述算法结束准则 $\tau < \varepsilon$，也可以改为：若 $M_k p(x^{(k)}) < \varepsilon$，则取 $x^* = x^{(k)}$，迭代结束；否则令 $M_{k+1} = cM_k$，$k = k + 1$，继续进行迭代。

2) 碰壁函数法

碰壁函数法适用于形如 $\begin{cases} \min f(x) \\ s.t. x \in S \\ S = \{x \mid g_i(x) \leqslant 0, i = 1, 2, \cdots, m\} \end{cases}$ 的约束优化问题。

它是从一个可行点 $x^{(0)}$ 出发，在可行点之间进行迭代的一种方法。为了使迭代点保持为可行点，在约束集 S 的边界上建造一道"围壁"，阻挡迭代点列离开可行集 S。计算步骤如下：

(1) 取 $r_1 > 0$，$c \geqslant 2$，精度 $\varepsilon > 0$。

(2) 求可行集 S 的一个内点 $x^{(0)} \in \text{int } S$；令 $k = 1$。

(3) 以 $x^{(k-1)}$ 为初始点，使用求解无约束优化问题的方法求解：

$$\begin{cases} \min F(x, r_k) = f(x) + r_k B(x) \\ s.t. x \in \text{int } S \end{cases} \tag{4-7}$$

设其最优解为 $x^{(k)} = x(r_k)$。

（4）检查 $x^{(k)}$ 是否满足结束准则，若 $x^{(k)}$ 满足，则迭代结束，取 $x^* \approx x^{(k)}$；否则取 r_{k+1}，且 $r_{k+1} < r_k$，令 $k = k+1$，返回第 3 步。

3）混合罚函数法

在迭代过程中，外点法的参数 M_k 不断增大，内点法的参数 r_k 不断减小，使得求解无约束极小问题变得十分困难。M_k 以及 r_k 的选取对收敛速度有很大影响。外点法求得的近似解往往不可行，只能近似满足，有时不能用；内点法要求解在可行域内部比较困难。内点法不能求解包含有等式约束的优化问题。

初始点 $x^{(0)}$ 给定，对 $x^{(0)}$ 满足（初始点在可行域的内部）的那些不等式约束用内点法构造碰壁项 $B(x)$；对 $x^{(0)}$ 不满足的那些不等式约束和等式约束，按外点法构造惩罚项 $p(x)$，即混合罚函数。

构建碰壁项 $B(x)$，条件如下：$B(x)$ 是连续的；$B(x) \geqslant 0$；当 x 趋近于 S 的边界时，$B(x) \to \infty$。这样，x 就不会向边界点移动，不会跳出可行域。从这个意义上讲，也不能使他取边界点。

构建惩罚项 $p(x)$，条件如下：$p(x)$ 是连续的；对任意 $x \in R^n$，$p(x) \geqslant 0$；当且仅当 $x \in S$ 时，$p(x) = 0$。混合法函数为

$$F(x, r_k) = f(x) + r_k B(x) + \frac{1}{r} p(x),$$

$$B(x) = \sum_{i \in I_1} g_i^+(x), \quad p(x) = \sum_{i \in I_2} g_i^+(x) + \sum_{j=1}^p (h_j(x))^2 \tag{4-8}$$

$I_1 = \{i \mid g_i(x^{(k-1)}) < 0, i \in I\}$，$I_2 = \{i \mid g_i(x^{(k-1)}) \geqslant 0, i \in I\}$，$I = \{1, 2, \cdots, m\} = I_1 \bigcup I_2$ $r_0 > r_1 > r_2 > \cdots < r_{k-1} > r_k > \cdots$，且 $\lim\limits_{k \to \infty} r_k = 0$，可按外点法和内点法中所介绍的方法确定。

4.1.4 序列二次规划

序列二次规划（non-linear programming by quadratic lagrangian, NLPQL）法是梯度优化法中的一种。该方法是顺序二次规划（sequential quadratic programming, SQP）算法的改良版，比 SQP 算法计算稳定。它将目标函数以泰勒级数展开，并把约束条件线性化，通过解二次规划得到下一个设计点，然后根据两个可供选择

的优化函数执行一次线性搜索。首先，从 1 个起始猜测点 x^0 开始，在计算过程中应用 1 个附加线性搜索来保证它能达到全局收敛。只有当 x^{k+1} 可行性搜索方案确定了沿此方向的移动步长，才会执行 $x^{k+1}=x^k+a^k d^k$ 来进行新的迭代。

在 SQP 算法中，矩阵 $\boldsymbol{B}_k$ 的更新可以根据无约束优化中的标准技术来执行。为了提高该算法的性能，NLPQL 算法引入了变尺度法（BFGS①）。由变尺度矩阵 $\boldsymbol{B}_k$ 构造 $\boldsymbol{B}_{k+1}$ 来逼近 Hessian 矩阵完成 $\boldsymbol{B}_k$ 的更新。在一些安全措施的保证下，所有的矩阵 $\boldsymbol{B}_k$ 都可以保证是正定的。

目标函数：

$$q_k(d)=\frac{1}{2}d^{\mathrm{T}}B_k d+\nabla f(x^k)^{\mathrm{T}}d, \ d\in R^n$$

约束方程：

$$\nabla g_i(x^k)^T d+g_i(x^k) \quad i=1,2,3,\cdots,p$$
$$\nabla h_j(x^k)^T d+h_j(x^k)=0 \quad i=1,2,3,\cdots,m$$

具体的迭代步骤如图 4-2 所示。

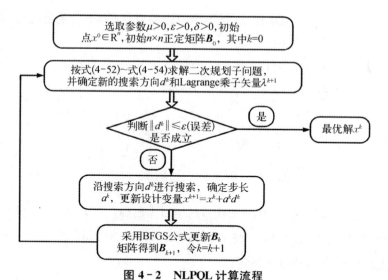

图 4-2　NLPQL 计算流程

4.2　现代优化算法

现代优化算法近年来在工程上获得了广泛的应用，但应用最广泛的还是遗

---

①　一种拟牛顿算法，由 Broyden、Fletcher、Goldfarb、Shanno 四个人分别提出的。

传算法、神经网络算法和粒子群算法，以及它们的改进型，特别是在船舶设计领域，应用得就更广。本书简要介绍一下这些算法原理。

4.2.1 基本遗传算法

优化设计建立在近代概率论和最优化方法的基础上，所建立的优化模型往往具有高维、非凸和非线性等特点，且需要满足多种约束条件。对于这种复杂的非线性优化问题，采用传统优化方法来处理存在着明显的缺点和不足：优化结果依赖于所选的初始值，对目标函数限制过多；在对不连续或不可导函数进行优化时，使许多要利用梯度信息的优化问题无法进行。遗传算法（genetic algorithm，GA）是基于生物进化仿生学算法的一种，它模拟了达尔文的"物竞天择，适者生存"的自然进化规律和孟德尔的遗传变异理论，是一种智能化、自适应概率性全局优化搜索算法。其主要特点是群体搜索策略和群体中个体之间的信息交换，其搜索不依赖于问题的梯度信息，而尤其适用于处理传统搜索方法难以解决的复杂和非线性问题。与传统的优化方法相比，它具有使用简单、全局寻优能力强等特点，是当今求解优化问题最有效的方法之一。近年来，GA 在工程设计和优化领域得到广泛应用，在船舶工程领域，已被广泛地用于船舶概念设计和初步设计、型线设计和光顺、船舶运动、分舱设计、船舶的自由浮态计算以及结构优化等过程中。

1) 遗传算法的基本原理

假设一个优化问题：

$$\max |\{f(x)x \in X\}| \tag{4-9}$$

这里，f 是 X 上的一个正值函数，即对任意 $x \in X$，$f(x) > 0$。X 是问题的解空间，即问题的所有可能解的群体。它可以是一个有限集合，也可以是实数空间的一个子集。

遗传算法在求解问题时是从多个解开始的，然后通过一定的法则进行逐步迭代以产生新的解。这多个解的几何称为一个群体，或称为种群，记作 $P(t)$，这里的 t 表示迭代步，或称为进化代。一般地，$P(t)$ 中的元素在整个进化过程中是不变的，称之为种群规模，记作 N。$P(t)$ 中的元素称为个体，而各个个体对环境的适应程度称为适应度，当我们进行遗传操作时，要选择当前解进行交叉以产生新的解，这些当前解称为新解的父代，产生的新解称为后代。

2) 基本遗传算法实现步骤

遗传算法求解过程涉及五大要素：参数编码、初始化种群、适应度函数的评价、遗传操作(选择、交叉和变异),以及控制参数的设置。

简单遗传算法求解的基本步骤如下:

(1)将所研究问题的解表示成编码串"染色体",每一编码串代表问题的一个可行解。

(2)随机产生一定数量的初始编码串群 P_oP_0,该种群就是问题的可行解的一个集合。

(3)将初始编码串群置于问题的"环境"中,并给出种群中每一个体码串适应问题环境的适应值(评价)。

(4)根据码串个体适应度的高低对初始种群 PoP_0(或 P_OP_k)执行选择操作,随机选取父本种群 F_k,优良的个体被大量复制,而劣质的个体复制得少,甚至被淘汰掉。

(5)由父本种群 F_k 以交叉概率 P_c 经交叉产生种群 C_k。

(6)对种群 C_k 以变异概率 P_m 执行变异操作的新的种群 $P_OP_{(k+1)}$。

这样反复执行第(3)步到第(6)步,使码串群体一代代不断进化,最后搜索到最适应问题环境的个体,求得问题的最优解。

基本遗传算法流程如图4-3所示:

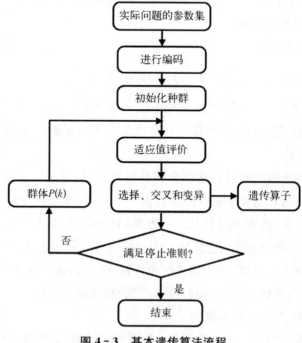

图4-3 基本遗传算法流程

4.2.2　小生竞遗传算法

由于 GA 存在着早熟和后期收敛速度慢的缺点,使得在一些优化问题的处理上效果不佳,为此,许多学者提出了各种改进算法。但很多改进算法只能顾及问题的一个方面,若算法的核心是提高解的精度,则算法势必在搜索范围和搜索精度上花费更多的时间;在 GA 中采用比例选择算子,该选择策略有明显的缺陷,当种群中有个别个体的适应值远远大于种群的平均值时,这些个体在比例选择算子下将迅速扩张,充满整个种群,从而使种群中个体差异急剧减小,种群多样性受到严重破坏,种群多样性的不足正是 GA 全局搜索能力差的主要原因。小生境遗传算法(niche genetic algorithm, NGA)能够克服 GA 易于早熟和局部寻优能力较差等缺点,使种群中的个体保持多样性,同时还具有很高的全局搜索能力和收敛速度。小生境的基本思想来源于生物在进化过程中总是与自己相同的物种生活在一起,反映到遗传算法中就是使个体在一个特定的生存环境中进化,从而可以避免在进化后期适应度高的个体大量繁殖,充满整个群体。

1) 小生境的生物学基础

在生物学上,小生境是指特定环境中的组织功能或角色,物种是指有共同特征的组织。由于生物倾向于与特征、形状等相类似的生物生活在一起,一般总是与同类繁殖后代,加上自然地理位置的限制,使得若干种类的生物形成了一个个小生境。小生境的形成在生物学上有积极意义,它为新物种的形成提供了可能性。在小生境形成初期,小生境中物种的基因常常是不同的,由于多个小生境间相对隔离,缺少必要的基因交流,使得这种基因差异得以保留。各小生境中生物的变异是随机发生的,因而通常有着不同的变异方向,这种变异的差异使物种间的基因差异不断扩大。由于地理位置和自然环境的不同,自然选择的方向和压力也各不相同,这一差异导致了物种间基因组成产生更大的差异,于是各物种向各自的方向发展进化,这是自然界中生物保持近乎无限多样性的根本原因之一。

2) 基于共享机制的小生境

1987 年,Glodberg 和 Richardson 提出了一种基于共享机制的小生境技术。在这种机制中,Glodberg 和 Richardson 定义了共享函数,用来确定每个个体在群体中的共享度。一个个体的共享度等于该个体与群体内的各个其他个体之间的共享函数值的总和。共享函数是关于两个个体之间关系密切程度(基因型的相似性或表现型的相似性)的函数；当个体间关系比较密切时，共享函数值比较大；反之，则共享函数值较小。设 d_{ij} 表示个体 i 与 j 之间的关系密切程度（这里可采用海明距），S 为共享函数，S_i 表示个体 i 在群体中的共享度，则有 $S_i = \sum_{j=1}^{M} s_h(d_{ij})$，共享函数可记为 $S_h(d_{ij})$，即

$$S_h(d_{ij}) = \begin{cases} 1 - (d_{ij}/\sigma)^\alpha & d_{ij} < \sigma \\ 0 & \text{其他} \end{cases} \tag{4-10}$$

$d(i, j)$ 表示两个个体之间的海明（Hamming）距离（适应度距离），可以定义为

$$d_{ij} = \| X_i - X_j \| = \sqrt{\sum_{k=1}^{M} (x_{ik} - x_{jk})^2} \tag{4-11}$$

$$(i = 1, 2, \cdots, M-1; j = i+1, i+2, \cdots M)$$

式中，X_i 和 Y_j 分别为第 i 和第 j 个体；M 为初始种群数目；σ 和 α 是用户自定义常量，σ 的值很难确定，根据问题的需要适当选取；通常情况下是基于试验和误差来估计，在本书中取 $\sigma = 0.5$；α 是控制共享函数形状的常量，一般取 $\alpha = 1$（线性共享函数），两个个体之间的共享函数值越大，则两个个体越接近。

共享后的适应度 f'_i 为

$$f'_i = \frac{f(x_i)}{\sum_{j=1}^{M} S_h(d_{ij})} \tag{4-12}$$

4.2.3　神经网络

1) BP 神经网络模型结构

BP[①]（back propagation）神经网络是 1986 年由 Rumelhart 和 McCelland 为首的科学家小组提出的，是人工网络中最有效的算法之一。任意闭区间的连续函数都可以用包含一个隐含层的 BP 神经网络逼近。因此，BP 神经网络对非线性系统具有强大的建模和分析能力。最常用的 BP 神经网络模型由输入层、隐含层、输出层三部分组成，其中隐含层可以是一层也可以是多层。

BP 神经网络算法的学习过程可分为两个阶段：第一阶段是正向传播过程，

---

① 反向传播。

从输入层开始经隐层逐层计算各层节点的实际输出值,每一层的节点只接受前一层节点的输入,也只对下一层节点的状态产生影响。第二阶段是反向传播过程,若输出层未能得到期望的输出值,需逐层递归计算实际输出与期望输出之间的误差,根据该误差修正前一层权值,使误差累积趋向最小。在误差函数斜率下降的方向上不断地调整网络权值和阈值的变化,进而逐渐逼近目标函数,每一次权值和误差的变化都与网络误差的影响成正比。

神经网络理论已经证明,只要隐层节点数足够多,用单隐层的 BP 神经网络就可以以任意精度逼近任何一个具有有限间断点的非线性函数,而且隐层数越多,误差传递环节就越多,神经网络的泛化性能也越低,因此 BP 神经网络常采用三层结构,如图 4-4 所示。

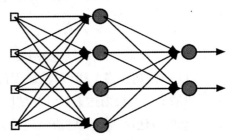

图 4-4 三层 BP 神经网络

设输入输出对 $(X_P, T_P)p = 1, 2, \cdots, p$。$p$ 为训练样本数,X_P 为第 p 个样本输入向量,$\boldsymbol{X}p = (x_{p1}, \cdots, x_{pM})$,$M$ 为输入向量维数;T_P 为第 p 样本输出向量(期望输出),$\boldsymbol{T}_P = (t_{p1}, \cdots, t_{pN})$,$N$ 为输出向量维数,网格的实际输出向量为 $\boldsymbol{O}_p = (o_{p1}, \cdots, o_{pN})$。神经网络采用单隐层结构,隐层的节点数为 H。输入层与隐层之间、隐层与输出层之间的连接权值用 w_{ij} 表示,w_{ij} 表示前一层第 i 个节点到后一层第 j 个节点之间的连接权值。神经网络的隐层和输出层的传递函数均采用 Sigmoid 型函数:

$$f(x) = 1/(1 + e^{-x}), \text{误差函数 } E = \frac{1}{2} \sum_{i=1}^{N} (t_k - o_k)^2 \qquad (4-13)$$

三层 BP 神经网络程序实现算法步骤如下:

隐层节点的输出:

$$y_j = f(\text{net}_j) = f\left(\sum_{i=1}^{M} \omega_{ij} x_i\right) \qquad (4-14)$$

x_i 为第 i 个输入节点的输入,y_j 为第 j 个隐层节点的输出。

输出层节点 o_k 为

$$o_k = f(\text{net}_k) = f\left(\sum_{j=1}^{H} \omega_{jk} y_j\right) = f\left[\sum_{j=1}^{H} \omega_{jk} f\left(\sum_{i=1}^{M} \omega_{ij} x_i\right)\right] \qquad (4-15)$$

$$\frac{\partial E}{\partial \omega_{ij}} = \frac{\partial E}{\partial \text{net}_j} \frac{\partial \text{net}_j}{\partial \omega_{ij}} \qquad (4-16)$$

定义下降梯度 δ_j：

$$\delta_j = -\frac{\partial E}{\partial \mathrm{net}_j} = \frac{\partial E}{\partial o_j}\frac{\partial o_j}{\partial \mathrm{net}_j} = \frac{\dfrac{1}{2}\sum_k (t_k - o_k)^2}{\partial o_j} f'(\mathrm{net}_j) = (t_j - o_j)f'(\mathrm{net}_j)$$

$$(4-17)$$

输出层和隐层节点的权值增加与下降梯度成正比，权值的更新公式为

$$w_{ji}(t+1) - w_{ji}(t) = \eta\delta_i o_i \qquad (4-18)$$

式中，η 是学习率。但 BP 神经网络也存在一些问题，主要表现在以下几方面：

（1）收敛速度慢。BP 算法属于最迅速下降方法的一种，训练时步长很难把握。如果步长太长则达不到计算精度，甚至会出现发散；步长太小则迭代次数增加，导致收敛速度慢。要解决上述问题可以采用改进迭代算法，增大学习率，加快收敛速度，或是采用共轭梯度法、变尺度法等。

（2）容易陷入局部极小。对于一个复杂的神经网络，其误差曲面都是凸凹不平的，分布着许多局部极小点，当采用 BP 算法搜索最优解时，会陷入局部极小而无法逃离。解决这一问题最主要的方法就是采用全局优化方法。

2）Elman 神经网络近似模型

Elman 神经网络是以 Jordan 网络为基础，由 Elman 于 1990 年提出的一种动态递归性人工神经网络。它可以看作是一个具有局部记忆单元和局部反馈连接的递归神经网络。该算法的主要优点有：

（1）Elman 神经网络不需要了解实际系统的内部运行模式及参量直接的相互关系，只需通过调节网络权值就可以实现对系统的建模。

（2）Elman 网络的承接层相当于一个延迟算子，增强了网络动态信息处理能力，能够更好地反映系统的动力学特性。

（3）与 BP 和 RBF 这种前馈神经网络相比，Elman 网络可以实现系统的动态建模，更好地描述输入输出之间的动态映射关系。

（4）Elman 神经网络在 BP 神经网络的基础上，通过存储内部状态使其具备映射的动态特征功能，从而使系统具有适应时变特性的能力。

Elman 神经网络的主要结构是前馈连接，包括输入层、中间层（隐含层）、承接层和输出层，如图 4-5 所示。其中，输入层、中间层和输出层类似于前馈神经网络。输入层的单元仅起到信号传输作用；输出层单元起线性加权作用；承接层用来记忆中间层单元前一时刻的输出值并返回给输入层。

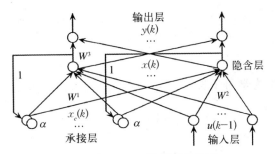

图 4 − 5 Elman 神经网络模型

　　Elman 神经网络的特点是中间层的输出通过承接层的延迟与存储,自联到中间层的输入。这种自联的方式使其对历史状态的数据具有敏感性,内部反馈网络的加入增加了网络本身处理动态信息的能力,从而达到了动态建模的目的。Elman 神经网络的非线性状态空间表达式为

$$y(k) = g[w^3 \boldsymbol{x}(k)] \tag{4-19}$$

$$\boldsymbol{x}(k) = f[w^1 \boldsymbol{x}_c(k) + w^2 \boldsymbol{u}(k-1)] \tag{4-20}$$

$$\boldsymbol{x}_c(k) = \beta \boldsymbol{x}_c(k-1) + \boldsymbol{x}(k-1) \tag{4-21}$$

式中,$\boldsymbol{y}$ 表示 m 维输出节点向量;w^3 表示中间层到输出层的连接权值;$\boldsymbol{x}$ 表示 n 维中间层节点单元向量;w^1 表示承接层到中间层的连接权值;w^2 表示输入层到中间层的连接权值;$\boldsymbol{u}$ 表示 r 维输入向量;$\boldsymbol{x}_c$ 表示 n 维反馈状态向量;$g(*)$ 表示输出神经元的传递函数;$f(*)$ 表示中间层神经元的传递函数。

　　由于 Elman 神经网络是在 BP 神经网络的基础上发展而来的,因此其学习算法与 BP 算法相同,即采用梯度下降算法对权值进行修正,学习指标函数采用误差平方和函数表示:

$$E = \frac{1}{2}[y_d(k) - y(k)]^T[y_d(k) - y(k)] \tag{4-22}$$

式中,$y_d(k)$ 为目标输出向量。

　　其动态学习算法如下:

$$\Delta w_{ij}^3 = \vartheta_3 \delta_i^0 x_j(k), \quad i=1,2,\cdots,m; j=1,2,\cdots,n \tag{4-23}$$

$$\Delta w_{jq}^2 = \vartheta_2 \delta_j^h u_q(k-1), \quad j=1,2,\cdots,n; q=1,2,\cdots,r \tag{4-24}$$

$$\Delta w_{jl}^1 = \vartheta_1 \sum_{i=1}^{m} (\delta_i^0 w_{ij}^3) \frac{\partial x_j(k)}{\partial w_{jl}^1}, \quad j = 1, 2, \cdots, n; l = 1, 2, \cdots, n$$

$$(4-25)$$

式中，ϑ_3、ϑ_2 和 ϑ_1 为学习步长。

$$\delta_i^0 = (y_{d,i}(k) - y(k)) g'_i(\cdot) \tag{4-26}$$

$$\delta_j^h = \sum_{i=1}^{m} (\delta_i^0 w_{ij}^3) f'_j(\cdot) \tag{4-27}$$

$$\frac{\partial x_j(k)}{\partial w_{jl}^1} = f'_j(\cdot) x_l(k-1) + \beta \frac{\partial x_j(k-1)}{\partial w_{jl}^1} \tag{4-28}$$

4.2.4　粒子群算法

1) 粒子群算法思想的起源

1987 年，生物学家 Craig Reynolds 提出了一个非常有影响的鸟群聚集模型。他认为，每一个个体遵循避免与邻域个体相冲撞；每个个体均飞向鸟群中心，且鸟群中心也是整个群体飞向的目标。在他的仿真中仅利用了上面 3 条规则，就可以非常接近地模拟出鸟群飞行的现象。1990 年，生物学家 Frank Heppner 也提出了鸟类模型。它的不同之处在于：鸟类被吸引飞到栖息地。在仿真中，一开始每一只鸟都没有特定的飞行目标，只是使用简单的规则确定自己的飞行方向和飞行速度，当有一只鸟飞到栖息地时，它周围的鸟也会跟着飞向栖息地，这样，整个鸟群都会落在栖息地。1995 年，美国社会心理学家 James Kennedy 和电气工程师 Russell Eberhart 受鸟类群体行为建模的构建和仿真研究结果的启发共同提出了粒子群算法，他们的模型和仿真算法主要对 Frank Heppnerr 的模型进行了修正，以使粒子飞向解空间并在最好解处降落。Kennedy 在他的书中描述了粒子群算法思想的起源。

2) 基本粒子群算法

假设在 d 维空间上的第 i 个粒子的速度和位置分别为 $V^i = (v_{i,1} \ v_{i,2} \ v_{i,3} \cdots v_{i,d})$ 和 $X^i = (x_{i,1} \ x_{i,2} \ x_{i,3} \cdots x_{i,d})$。在每一次迭代中，粒子通过跟踪两个最优解来更新自己。一个是粒子本身所找到的最优解，即个体极值 p_{best}；另一个是整个种群目前找到的最优解，即全局最优解 g_{best}。在找到这两个最优值时，粒子根据以下公式来更新自己的速度和位置：

$$v_{i,j}(t+1) = \omega v_{i,j}(t) + c_1 r_1 [p_{i,j} - x_{i,j}(t)] + c_2 r_2 [p_{g,j} - x_{i,j}(t)]$$

$$\tag{4-29}$$

$$x_{i,j}(t+1) = x_{i,j}(t) + v_{i,j}(t+1) \quad j=1,2,\cdots,d \tag{4-30}$$

式中，ω 为惯性权因子；c_1、c_2 为学习因子；r_1、r_2 为 0 到 1 之间均匀分布的随机数；t 为迭代次数，即粒子飞行的步数。

粒子群算法的性能很大程度上取决于该算法的参数选择上，其中几个重要参数的选取原则如下：

(1) 粒子数。粒子的数目根据优化问题的复杂程度而定。对于一般的优化问题选取 20 到 40 个粒子便可以得到较好的优化结果；对于简单的优化问题一般选取 10 个粒子；而对于非常复杂的问题来说，粒子数目需要取到 100 个以上。

(2) 学习因子 c_1、c_2。学习因子可以帮助粒子进行自我总结，并像群体中优秀的个体那样进行学习，从而向领域内最优点靠近，通常情况下 $c_1 = c_2 = 2$ 便可以得到较好的计算结果，但是根据问题的复杂和难易程度，其取值也有差别，一般 c_1 与 c_2 相等，且在 0 到 4 之间。

(3) 惯性权重系数 ω。决定了对粒子当前速度继承了多少，合适的数值选择可以使粒子具有均衡的探索能力和开发能力。

基本粒子群算法的步骤如下：

(1) 随机初始化种群中各粒子的位置和速度。

(2) 评价每个粒子的适应值，将当前各粒子的位置和适应值存储在各个粒子的 p_{best} 中，并将所有 p_{best} 中适应值最优的个体位置和适应值存在 g_{best} 中。

(3) 采用式(4-29)～式(4-30)更新粒子的速度和位置。

(4) 对每个粒子将适应值和其经历过的最好位置做比较。如果较好，则将其作为当前的最好位置；比较当前所有 p_{best} 和 g_{best} 的值，更新 g_{best}。

(5) 若满足停止条件，则停止搜索，输出结果，否则返回步骤(3)继续搜索。

3) 改进粒子群算法 I

虽然 PSO 算法具有较好的搜索能力，但在优化后期，收敛时间长，优化精度不高，易陷入局部极值。要提高 PSO 全局搜索和局部开发能力，惯性因子 ω 的调节问题就非常关键。在 PSO 优化算法中，惯性因子 ω 代表粒子 i 下一次飞行速度对当前速度的承袭。较大的 ω 能保证算法不易陷入局部最优解。在算法后期，较小的 ω 能加快收敛速度。惯性权重的取法一般有常数法、线性递减法、自适应法等。

为提高 PSO 算法收敛性,防止陷入局部最优,惯性因子 ω 服从某种随机分布的随机数,这样,在一定程度上可以从两个方面来克服 ω 的线性递减所带来的不稳定性。首先,如果在进化初期接近最好点,随机 ω 可能产生相对较小的 ω,加快算法收敛速度。另外,如果在算法初期找不到最优点,ω 的线性递减使得算法最终收敛不到此最优点,而 ω 的随机升沉可以克服这种局限性,其惯性权重系数的更新公式为

$$\omega = \mu + \sigma \times N(0,1) \tag{4-31}$$

$$\mu = \mu_{min} + (\mu_{max} - \mu_{min}) \times \mathrm{rand}(0,1) \tag{4-32}$$

式中,$N(0,1)$ 为标准正态分布的随机数;$\mathrm{rand}(0,1)$ 为 0 到 1 之间的随机数。

在 PSO 优化算法中,合适的学习因子可以加快粒子的搜索速度,减少粒子陷入局部极值的可能性。将两个学习因子随时间进行不同变化,这样,在优化初始阶段粒子具有较大的自我学习能力和较小的社会学习能力,能够加强全局搜索能力;在优化后期,粒子具有较大的社会学习能力和较小的自我学习能力,有利于收敛到全局最优解。采用异步变化的学习因子来更新 c_1 和 c_2,即在优化过程中,学习因子随着时间的变化而进行不同的变化,从而解决了原始粒子群算法固定学习因子的问题,其更新公式可以表达为

$$c_1 = c_{1,ini} + \frac{c_{1,fin} - c_{1,ini}}{t_{max}} \times t \tag{4-33}$$

$$c_2 = c_{2,ini} + \frac{c_{2,fin} - c_{2,ini}}{t_{max}} \times t \tag{4-34}$$

式中,$c_{1,ini}$、$c_{2,ini}$ 分别为 c_1、c_2 的初始值;$c_{1,fin}$、$c_{2,fin}$ 分别为 c_1、c_2 的迭代终值。

具体 IPSO 算法 I 步骤如下:

(1) 随机初始化种群中各粒子的位置和速度。

(2) 评价每个粒子的适应值,将当前各粒子的位置和适应值存储在各个粒子的 $\boldsymbol{p}_{best}$ 中,并将所有 $\boldsymbol{p}_{best}$ 中的适应值最优的个体位置和适应值存储在 $\boldsymbol{g}_{best}$ 中。

(3) 采用式(4-29)~式(4-30)更新粒子的速度和位置。

(4) 采用式(4-31)~式(4-32)更新权重。

(5) 采用式(4-33)~式(4-34)更新学习因子。

(6) 将每个粒子的适应值和其经历过的最好位置做比较,如果较好,则将其

作为当前的最好位置,并比较当前所有 p_{best} 和 g_{best} 的值,更新 g_{best}。

(7) 若满足停止条件,停止搜索,输出结果,否则返回步骤(3)继续搜索。

4) 改进粒子群算法 Ⅱ

ω 服从某种随机分布的随机数,其公式如式(4-31)、式(4-32)所示。其次,借鉴遗传算法中的杂交概念,在每次迭代中,根据杂交概率选取指定数量的粒子放入杂交池内,池中的粒子随机两两杂交,产生同样数目的子代粒子,并用子代粒子替换亲代粒子。在子代位置由父代位置进行算数交叉时,得

$$child(x) = p \times parent_1(x) + (1 - p) \times parent_2(x) \qquad (4-35)$$

式中,p 表示 0 到 1 之间的随机数。子代的速度由以下公式计算得

$$child(v) = \frac{parent_1(v) + parent_2(v)}{|parent_1(v) + parent_2(v)|} \times |parent_1(v)| \qquad (4-36)$$

具体 IPSO 算法 Ⅱ 步骤如下:

(1) 随机初始化种群中各粒子的位置和速度。

(2) 评价每个粒子的适应值,将当前各粒子的位置和适应值存储在各个粒子的 p_{best} 中,并将所有 p_{best} 中的适应值最优的个体位置和适应值存储在 g_{best} 中。

(3) 采用式(4-29)~式(4-30)更新粒子的速度和位置。

(4) 采用式(4-31)~式(4-32)更新权重。

(5) 对每个粒子将适应值和其经历过的最好位置做比较。如果较好,则将其作为当前的最好位置,比较当前所有 p_{best} 和 g_{best} 的值,更新 g_{best}。

(6) 根据杂交概率选取指定数量的粒子放入杂交池内,池中的粒子随机两两杂交产生同样数目的子代粒子,子代位置和速度按照式(4-35)~式(4-36)计算,并保持 p_{best} 和 g_{best} 不变。

(7) 若满足停止条件,停止搜索,输出结果,否则返回步骤(3)继续搜索。

5) 改进粒子群算法 Ⅲ

如 ω 服从某种随机分布的随机数,则其式如式(4-31)、式(4-32)所示。经验表明:传统 PSO 算法中无论是早熟收敛还是全局收敛,粒子群中的粒子都会出现"聚集"现象,这与种群中粒子趋同、种群多样性的迅速下降有密切关系。因此,非常有必要设定一个指标来评价粒子群的收敛程度。其中,粒子群的收敛程度可以表示为

$$\Delta = \left| f_g - f'_{avg} \right| \tag{4-37}$$

式中,Δ 越小说明收敛性越好;f_g 为最优粒子的适应度,将适应度优于 f_{avg} 的粒子的适应度求平均值得到 f'_{avg},计算公式为 $f_{avg} = \dfrac{1}{n} \sum\limits_{i=1}^{n} f_i$,$f_i$ 为第 i 个粒子的适应度,n 为粒子群的规模。

如果计算得到的 Δ 小于阈值 Δ_d,同时,优化的理论最优解或者期望最优解 f_d 没有达到,则粒子趋于早熟。考虑到最小化问题,有

$$\Delta < \Delta_d \tag{4-38}$$

$$f_g > f_d \tag{4-39}$$

这时需要对部分不活跃粒子进行高斯变异,重新分配其在解空间的位置,使粒子能够跳出局部最优,以获得全局最优解。其定义为

$$\frac{f_g - f_i}{f_g - f'_{avg}} \leqslant \theta \tag{4-40}$$

式中,θ 为阈值,对于满足不等式(4-40)的第 i 个粒子,其变异采用如下公式进行:

$$x_{id}^{(k+1)} = x_{id}^{(k)} + \eta \xi \tag{4-41}$$

式中,η 为变异系数;ξ 为服从 $N(0,1)$ 之间的随机变量。

具体 IPSO 算法Ⅲ步骤如下:

(1) 随机初始化种群中各粒子的位置和速度。

(2) 评价每个粒子的适应值,将当前各粒子的位置和适应值存储在各个粒子的 p_{best} 中,并将所有 p_{best} 中适应值最优的个体位置和适应值存在 g_{best} 中。

(3) 采用式(4-29)~式(4-30)更新粒子的速度和位置。

(4) 采用式(4-31)~式(4-32)更新权重。

(5) 计算粒子的适应度 f_i,更新个体极值 p_{best} 和全局极值 g_{best}。

(6) 通过式(4-38)~式(4-39)判断算法是否早熟收敛,如果出现早熟收敛,则根据式(4-40)~式(4-41)进行变异,如果没有出现此现象,重复步骤(2)—(6)直到满足迭代终止条件。

(7) 输出全局最优解。

4.3 混合优化算法

4.3.1 混合算法 I

传统的基于梯度的优化算法应用于船舶线型优化设计有明显的缺点和不足：船型优化涉及快速性、耐波性和操纵性等多个学科,学科之间各个性能指标(目标函数)和设计变量之间没有显示表达式(无法导出解析表达式),梯度信息只能靠数值分析法获得,计算代价很大,对于船型优化这类强非线性问题,基于梯度的优化在远离最优点时,收敛速度较慢;而且只能保证收敛到局部最优解,且优化结果对初始点的选择很敏感;而现代优化算法,如遗传算法全局搜索能力很强,能够很快地接近全局最优点,但其局部搜索能力差,要最终找到全局最优点,需要大量的计算目标函数,计算工作大量增加。两种方法的收敛比较如图 4-6 所示。因此,需要将两种优化方法的思想进行融合,利用每种方法的优点,形成高效的优化算法。

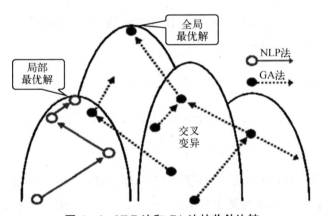

图 4-6 NLP 法和 GA 法的收敛比较

该混合遗传算法是将一种浮点数编码遗传算法和约束变尺度法相结合来提高求取全局解的速度和概率。在该混合算法中,选择、交叉和变异等遗传操作算子是以非线性规划问题的一个惩罚函数为求解对象,目的是把解引向全局解附近,为约束变尺度算子提供初值;而约束变尺度算子直接以原非线性规划问题为求解对象,以发挥其局部搜索能力强的优点,其计算原理如下:

设某个工程非线性规划问题的数学模型为

$$\min f(x)$$

$$s.t. c_j(x) = 0 \quad j = 1, 2, \cdots, nc' \tag{4-42}$$

$$c_j(x) \geqslant 0 \quad j = nc' + 1, nc' + 2, \cdots, nc$$

式中,目标函数 f 和约束条件 c 都是二阶连续可导的。

本书混合遗传算法中,选择,交叉、变异等遗传操作算子是以式(4-42)问题的惩罚函数形式出现,即

$$\min f_p(x) = f(x) + M_1 \sum_{j=1}^{nc'} \max\{0, |c_j(x)|\} + M_2 \sum_{j=nc'+1}^{nc} \max\{0, -c_j(x)\}$$
$$\tag{4-43}$$

式中,f_p 为式(4-43)中函数 f 的精确罚函数;M_1 和 M_2 为相当大的固定正常数,其目的是为保证算法获得更大的搜索范围,将解引向最优解附近,为随后执行约束变尺度法算子提供初值,即由选择、交叉、变异等遗传操作算子实现大范围搜索,而由约束变尺度法实现小范围快速局部搜索,以此来兼顾遗传算法和约束变尺度法两者的优点。

采用约束变尺度法求解上述非线性规划问题时,首先将式(4-43)转化为求解一系列二次规划子问题:

$$\min QP(d) = \boldsymbol{f}^{\mathrm{T}}(\boldsymbol{x}^k)d + \frac{1}{2}\boldsymbol{d}^{\mathrm{T}}\boldsymbol{B}^k d$$

$$s.t. c_j(x^k) + c_j(x^k)d = 0 \quad j = 1, 2, \cdots, nc' \tag{4-44}$$

$$c_j(x^k) + c_j(x^k)d \leqslant 0 \quad j = nc' + 1, nc' + 2, \cdots, nc$$

以式(4-44)的解构成各次迭代的搜索方向 d_k,然后沿方向 d_k 进行不精确一维搜索,求得步长 T_k,从而得到序列 $x^{k+1} = x^k + T_k d_k$,最终逼近最优解。

本项目将约束变尺度方法作为一个与选择、交叉、变异平行的算子加入一种浮点编码遗传算法中,可得到混合遗传算法,其求解步骤如下:

(1)给遗传算法参数赋值,这些参数包括种群规模 m,变量个数 n,交叉概率 P_c,变异概率 P_m,进行约束变尺度方法搜索的概率 P_{CVM},遗传计算所允许的最大进化代数 T。

(2)初始化种群。随机产生初始群体,计算式(4-44)精确罚函数值,并进一步求得其适应值,第 i 个个体适应值取为 $f'_i = f_{\max} - f_i$,f_i 是第 i 个个体对应的目标函数值,$f_{\max}$ 为当前种群成员的最大目标函数值,然后按 Goldberg 线性

比例变换模型：

$$f'_i = af'_i + b, \quad f'_i \geqslant 0, \quad i = 1, 2, \cdots, m \qquad (4-45)$$

进行拉伸。

（3）执行比例选择算子进行选择操作。

（4）按 P_c 执行算术交叉算子进行交叉操作。对于选择的两个母体 s_i^t 和 s_j^t，算术交叉产生的两个子代为 $s_i^{t+i} = rs_j^t + (1-r)s_j^t$ 和 $s_j^t = rs_i^t + (1-r)s_i^t$，$r$ 是 $[0, 1]$ 上的随机数。

（5）按照 P_m 执行非均匀变异算子。若个体 $s_i^t = (v1, v2, \cdots, vk, \cdots, vn)$ 的元素 vk 被选择变异，则变异结果为 $s_i^{t+1} = (v1, v2, \cdots, v^{k'}, \cdots, vn)$，故

$$vk' \begin{cases} vk + \Delta(t, x_k^u - vk) & \text{rand}(0, 1) = 0 \\ vk - \Delta(t, xk - vk') & \text{rand}(0, 1) = 1 \end{cases} \qquad (4-46)$$

$$\Delta(t, y) = yr \left\{ 1 - \frac{t}{T} \right\}^b$$

式中，T 为最大代数；b 为决定非均匀度的系数参数；$\Delta(x, y)$ 为区间 $[0, 1]$ 里的一个值，使 $\Delta(x, y)$ 靠近 0 的概率随代数 T 的增加而增加，这一性质使算子在初始阶段有均匀的搜索空间。

（6）对每个个体按照 P_{CVM} 进行约束变尺度方法优化搜索，若个体 s_i^t 被选择进行约束变尺度优化搜索，则以 s_i^t 作为初始点对式（4-42）进行约束变尺度优化求解，所得优化结果作为子代 s_i^{t+1}。

（7）计算个体适应值，执行最优个体保存策略。

（8）若遗传计算达到所允许的最大代数 T 或者连续若干代种群最优个体没有改进，则输出结果，计算结束；否则转向步骤（3），重复上面操作。程序流程如图 4-7 所示。

4.3.2 混合算法 II

神经网络的权值和阈值（自反馈增益因子）是构成神经网络算法的必要参数，只有合适的参数才能获得更好的预测性能。因此，采用 IPSO 算法对神经网络进行训练，进而修正网络的权值和阈值（自反馈增益因子），以获得最佳神经网络参数，然后将最佳参数映射到神经网络的权值和阈值（自反馈增益因子）中，对研究模型进行训练并输出预测结果，即 IPSO - M 算法，其中 M 算法包括了 BP

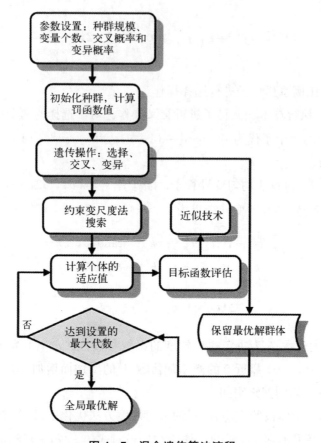

图 4 - 7 混合遗传算法流程

网络和 Elman 网络。具体设计步骤如下：

（1）根据给定的输入、输出训练样本集，设计神经网络的输入层、中间层、输出层的节点数，确定神经网络的拓扑结构。

（2）确定 IPSO 算法相关参数，包括种群规模、迭代次数、惯性因子和学习因子等。确定速度和种群限制。

（3）确定粒子的评价函数。以均方误差函数 G 作为粒子的适应度评价函数，用于推进对种群的搜索。算法迭代停止时适应度最小的粒子对应的位置为模型最优解。其中粒子的适应度函数为

$$\text{fitness} = G = \frac{1}{N} \sum_{i=1}^{N} \left[y_{i(M)} - y_{i(\text{CFD})} \right]^2 \tag{4 - 47}$$

式中，$y_{i(M)}$ 为网络预测输出；$y_{i(\text{CFD})}$ 为网络期望输出。

（4）随机初始化种群中各粒子的位置和速度。

（5）根据式(4-47)计算种群中粒子在神经网络训练样本下的适应度。

（6）根据粒子适应度值确定个体极值和群体极值，并将每个粒子的最好位置作为其历史最佳位置。

（7）按照粒子群的更新公式更新粒子速度、位置和学习因子。

（8）由步骤(7)迭代生成的速度、位置和学习因子对解进行更新，以达到调整神经网络权值与阈值(自反馈增益因子)的目的。

（9）判断算法训练误差是否达到期望误差或迭代最大次数。如果满足条件，将全局最优粒子映射到神经网络的权值和阈值中，然后对模型进行训练并输出预测结果；如果不满足条件，返回步骤(6)继续迭代。

4.4　近似技术

优化系统设计空间较大，实际优化过程中无法计算出空间所有位置的结果。因此，通过试验设计方法从优化系统中选择最具代表性且对优化结果的准确性影响较大的组合作为优化空间的样本点，其宗旨在于通过最少的试验次数取得最理想的试验结果。试验设计方法种类很多，如全因子设计(full factorial design，FFD)、部分因子设计(fractional factorial)、中心组合设计(central composite design，CCD)、拉丁超立方设计(latin hypercube design，LHD)等。其中，Morris 和 Mitchell 于 1995 年提出了一种有效的试验设计方法：最优拉丁超立方设计(optimal latin hypercube design，Opt LHD)。它以拉丁超立方设计为基础，增强了算法在优化设计空间上的均匀性，在样本选取上更加均匀，因子和响应的拟合更加准确真实，空间填充性和均衡性较好。该方法的矩阵生成步骤如下：

设 m 个试验点，n 个因素构成 $n \times m$ 矩阵：

$$x = [x_1, x_2, x_3, \cdots, x_m] \qquad (4-48)$$

对第 i 次进行分析：

$$x_i^{\mathrm{T}} = [x_{i1}, x_{i2}, x_{i3}, \cdots, x_{in}] \qquad (4-49)$$

根据式(4-49)采用随机拉丁超立方算法生成一个初始设计矩阵，然后通过元素交换更新设计矩阵，基于选择极大极小距离准则计算空间填充最优化条件：

$$d(x_i, x_j) = d_{ij} = \left[\sum_{k=1}^{n} \mid x_{ik} - x_{jk} \mid^{t} \right]^{\frac{1}{t}} \qquad (4-50)$$

式中，$t=1$ 或 2；$1 \leqslant i$；$j \leqslant m$；$i \neq j$；抽样点 $d(x_i, x_j)$ 为 x_i 和 x_j 之间的最小距离。

图 4-8 为 3 因素，试验次数为 9 的拉丁超立方矩阵和最优拉丁超立方设计得到的样本点分布，从图中可知，最优拉丁超立方设计的样本点分布更加均匀合理，填充效果更优，能够更准确地表达样本点的空间分布。

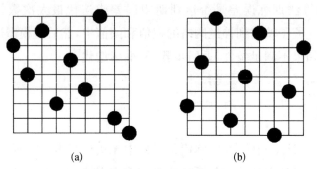

(a)　　　　　　　　　　(b)

图 4-8　拉丁超立方和最优拉丁超立方设计矩阵对比

(a) 拉丁超立方；(b) 最优拉丁超立方

4.5　优化平台

前面所介绍的优化方法需要人工编写算法程序或者是接口程序，需要大量的劳力，而对于程序的精度和准确性还需要验证，离工程实际较远。近年来，出现了一些优化平台，可以将一些已有的商业软件集成，平台自带有优化算法，即使不会编写程序也可以轻松实现船型的自动优化，非常方便。本章主要介绍船型设计中常用的 ISIGHT 和 Friendship-Framework。

4.5.1　ISIGHT

ISIGHT 是由美国 Engineous software 公司所开发的能自动进行最优化设计的软件系统平台，广泛用于航空、汽车、船舶、机械、化工等领域。由于 ISIGHT 是基于多学科优化设计和基于质量工程的设计方法，所以会大大提升国内制造业的数字化、信息化和现代化设计水平。ISIGHT 主要侧重于提供多学科设计优化和不同层次优化技术及优化过程管理，解决多学科优化过程中的多次迭代、数据反复输入输出时的自动化操作，将各种优化方法［数值迭代算法、搜索式算法、启发式算法、试验设计法（design of experiments，DOE）、响应面法（response surface methodology，RSM）等］有效地组织起来进行多学科优化设计。

1）ISIGHT 提供的多学科设计优化功能

（1）过程集成：完整的设计综合环境。

① 多学科代码集成＋流程自动化。

② 层次化、嵌套式任务组织管理。

③ 实时控制＋后处理。

④ 脚本语言＋API 定制＋MDOL 语言二次开发。

（2）优化设计：先进的探索工具包。

① 试验设计＋数学规划＋近似建模＋质量设计。

② 知识规则系统＋多准则权衡。

③ 开放架构：第三方（优化/试验）算法嵌入、多学科优化策略研究和实现。

（3）网络功能。

① 并行计算＋分布计算服务。

② 远程部署和调用。

③ CORBA 调用。

2）多学科设计优化平台的任务结构

MDOF 中基本要素是任务，每个任务由 3 个模块组成：

（1）分析模块：包括执行文件、输入文件和输出文件。

（2）数据模块：包括设计参数、约束参数、目标函数参数和通讯参数。

（3）技术参数模块：包括优化技术、近似技术参数等。

任务执行模块的接口通过参数映射来实现。通常，每个任务执行模块包括输入文件、执行文件（学科分析代码）和输出文件，只要操作输入输出文件就可以操作任务执行模块，因此设计人员不需要关心分析代码的编码方式和操作过程，只需要提供输入输出文件中的信息，从而支持了学科分析代码的可重复性。

3）ISIGHT 在船型优化中的应用

ISIGHT 为设计者提供了接口程序和船舶 CAD/CFD 等各种软件的集成，使之成为一个循环过程，包括改变设计、运行模拟过程，分析设计结果的过程。这个循环一直进行到得到最优设计或达到设计底线为止，从而实现设计过程的完全自动化。

4) ISIGHT 与 CA/CFD 软件的集成方法

(1) CAD 软件。

Catia：方法 1：Simcode 命令 cnext.exe -macro *.vbs；

方法 2：Isight Catia 组件。

ProE：方法 1：Simcode 命令 proe2000i trailfile.txt；

方法 2：Isight ProE 组件。

UG： 方法 1：Simcode 命令 ug_update_expressions.exe -p *.prt -e *.exp；

方法 2：Isight UG 组件。

Solidworks：方法 1：Simcode 命令 Cscript *.vbs；

方法 2：Isight Solidworks 组件。

(2) 网格前处理软件。

ICEM - CFD：icemcfd -batch -script icem_script。

Gambit："\ Fluent. Inc \ Gambit2. 3. 16 \ ntbin \ ntx86 \ gambit. exe" -inp *.jou。

(3) 网格变形软件。

Sculptor：\Sculptor\sculptor.exe -d。

(4) CFD 数值模拟软件。

Fluent：fluent 3d -wait -i。

StarCCM＋：方法 1：Simcode 命令 starccm＋ -batch *.java；

方法 2：Isight StarCCM＋组件。

CFX：cfx5solve.exe -def cfx5build.exe -b -play。

5) 基于 ISIGHT 的船型优化集成过程

在 ISIGHT 优化平台上，将船型优化过程中的各种软件进行集成，如船体几何重构和表达的 CAD 软件，包括 ProE、Sculptor 等；目标函数计算软件，本书主要是阻力计算软件，如 FLUENT、STRA - CCM＋等，一起集成到此平台上，利用平台自带的优化算法，或将已有的优化算法集成到平台上，组成一个船型自动优化系统，可实现船型的自动优化，全部过程不需要任何人工干预，最后获得一个性能最优的船体几何形状，如图 4 - 9 所示。

4.5.2 Friendship - Framework

Friendship - Framework 是德国劳氏 FRIENDSHIP SYSTEMS 公司开发的一款集参数化建模、优化算法以及优化集成框架于一体的功能齐全的船型参

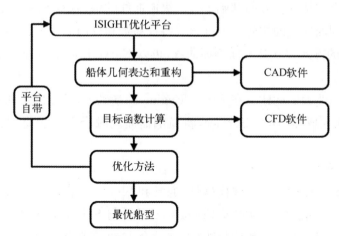

图 4-9　基于 ISIGHT 平台的船型优化过程

数化软件,它能够有效地实现船型的生成和修改,用于船舶的水动力性能优化。国内外大量的应用实例证明了基于 Friendship 软件的船型优化的实用性。

Friendship - Framework 是一款将 CAD 和 CFD 集于一体的 CAE 设计平台,主要具有以下功能特点:

(1) 基于函数曲面技术的全参数化、半参数化模型建立,可以通过设置参数,构建相应的特征曲线实现复杂参数化模型的建立。

(2) 在对选择的参数设置取值范围后,软件可自动对模型进行变换,并且集合了多种单目标和多目标优化算法对设置的目标函数进行优化搜索。

(3) 外部软件集成能力强,可以通过标准接口集成各种外部软件和 CFD 仿真程序,并能进行网格划分、结果显示等前、后处理工作。

(4) 具有远程或分布式计算功能,能够有效地利用闲置或远程的设置,从而使得周期较长、任务较重的工作,比如新方案的生成和优化等,能够在很短的时间内完成。

1) Friendship 参数化建模原理

Friendship 的参数化模型以特征参数和特征曲线为基础,能够实现船型的快速生成和修改。特征参数和特征曲线的选取和建模是整个船型参数化设计中最重要的一个环节,直接影响参数化模型的设计质量。

Friendship 参数化建模流程大致如下:

(1) 特征参数的选择与确定,即表征船型主要特征的全局参数(船长、型宽、吃水等)和控制纵向曲线、横剖面曲线生成的局部参数(曲线切向、丰满度等)。

（2）在上述特征参数的基础上进行纵向曲线的构建，实现两者之间的关联。

（3）横剖面曲线的构建。依据全局特征参数和纵向曲线，首先利用 Feature 以程序代码的方式建立基准横剖面曲线，再以 Curve Engine 来驱动各站横剖面曲线的创建。

（4）船体曲面的构建。在 Curve Engine 的基础上，首先确定曲面的首末位置，通过曲面生成器 Meta Surface，将横剖面曲线融合在一起得到光顺的船体曲面。

2）接口程序

Friendship 作为参数化建模软件，通常和 Shipflow 软件一起组成船型优化平台，可实现自动优化。为实现 Friendship 软件与 Shipflow 和波浪增阻计算软件之间的型值数据传递，达到船型的自动优化，首先需要将.IGES 格式的模型文件转化为 SHF 格式的模型文件。接口程序能够将 SHF 文件中的型值数据重新拟合成船体曲线，并通过对船体曲线进行插值得到新的模型文件。其中，对船体曲线的拟合插值选用三次 B 样条曲线。

接口程序的工作流程简述如下：首先读入 SHF 格式的模型文件；其次按照 SHF 文件的标准数据格式，找出文件中构造模型的各种船体曲线；然后对这些曲线重新进行拟合、插值和排序；最后生成波浪增阻计算所需要的模型文件。

3）Friendship 软件集成优化系统

Friendship 软件有很强的外部程序集成能力，它主要提供了 3 种不同的集成机制：COM 集成界面、通过 XML 文件的 Custom 集成以及通过 ASCII 模板的 Generic 集成。

参 考 文 献

［1］林焰,朱照辉,纪卓尚,等.函数参数船型—型线表达[J].中国造船,1997(3)：74 - 78.

［2］蒋金山,何春雄,潘少华.最优化计算方法[M].广州：华南理工大学出版社,2008.

［3］席少霖,赵风治.最优化计算方法[M].上海：上海科学技术出版社.1983.

［4］刑文训,谢金星.现代优化计算方法[M].北京：清华大学出版社,1999.

［5］周北岳,郭观七.小生境技术对遗传算法的改进作用研究[J].岳阳师范学院学报（自然科学版).2001,14(4)：18 - 21.

［6］Zhou G Q. Practical discrete optimization approachfor ship structures based on genetic algorithms[J].Ship Technology Research, 1999, 46(3)：179 - 188.

［7］玄光男,程润伟.遗传算法与工程设计[M].汪定伟,唐加福,黄敏,译.北京：科学出版社,2000.

[8] Della Cioppa A, De Stefano C. On the role of population size and niche radius in fitness sharing[J]. IEEE Transactions on Evolutionary Computation, 2004, 8(6): 580 - 592.

[9] Vieira D A G, Adriano R L S. Treating constraints as objectives in mul-tiobjective optimization problems using niche Pareto genetic algorithm[J]. IEEE Transactions on Magnetics, 2004, 3(40): 1188 - 1191.

[10] Kim J K. Niche genetic algorithm adopting restricted competition selection combined with pattern search method[J]. IEEE Transactions on Magnetics, 2002, 38(2): 1001 - 1004.

[11] 周优军, 汪灵枝. 小生境遗传算法在函数优化中的应用[J]. 柳州师专学报, 2006.21(1): 107 - 110.

[12] 郑宣耀, 王芳. 一种改进的小生境遗传算法[J]. 重庆邮电学院学报(自然科学学报), 2005,17(6): 721 - 724.

[13] 柯福阳, 李亚云. 基于 BP 神经网络的滑坡地质灾害预测方法[J]. 工程勘察, 2014(8): 55 - 60.

[14] 刘永锋, 李润祥, 李纯斌. BP 神经网络和支持向量机在积温插值中的应用[J]. 干旱区资源与环境, 2014,28(5): 158 - 165.

[15] 高鹏毅. BP 神经网络分类器优化技术研究[D]. 武汉: 华中科技大学, 2012.

[16] 王红芳, 赵玫, 孟光. 塑封焊球阵列焊点三维形态预测及其"整体"近似优化设计[J]. 上海交通大学学报, 2002,36(6): 829 - 833.

[17] 刘建华. 粒子群算法的基本理论及其改进研究[D]. 长沙: 中南大学, 2009.

[18] 李艳丽. 基于多目标优化的粒子群算法研究及其应用[D]. 成都: 西南交通大学, 2014.

[19] 李光宇, 郭晨, 李延新. 基于改进粒子群算法的 USV 航向分数阶控制[J]. 系统工程与电子技术, 2014,36(6): 1146 - 1151.

[20] 陆佳政, 方针, 单周平. 运用遗传算法结合约束变尺度优化方法识别发电机参数[J]. 湖南电力, 2001,21(3): 5 - 7.

[21] 尹旭. 缸盖热可靠性工程设计基础问题研究[D]. 浙江: 浙江大学, 2015.

[22] 赖宇阳. Isight 参数优化理论与实例详解[M]. 北京: 北京航空航天大学出版社, 2012.

[23] 黄金峰, 万松林. 基于设计特征的 FRIENDSHI 船型参数化方法及实现[J]. 中国舰船研究, 2012,7(2): 79 - 85.

基于势流理论的最小阻力船型优化

本章以势流兴波阻力理论 Michell 积分法和 Rankine 源法为基础,以双三角船型修改函数的参数为设计变量,在确保排水量为基本约束条件下,再去考虑艉部黏性分离的影响,建立非线性规划法、传统遗传算法(simple genetic algorithm,SGA)和小生境遗传算法(niched genetic algorithms,NGA)的优化设计模型,开发具有自主知识产权的全船线型优化设计程序,并通过试验验证该程序的有效性。其研究成果对促进船型设计从传统的经验模式向知识化模式迈进具有重要指导意义。

5.1　基于 Michell 积分法的最小阻力船型优化

5.1.1　船型优化模型的建立

1) 目标函数

选取总阻力 R_T 为目标函数,目标函数可以表示为兴波阻力 R_w 和相当平板摩擦阻力 R_F 之和的形式,即

$$R_T = p \cdot R_W + (1+k) \cdot R_F \to \min \qquad (5-1)$$

式中,兴波阻力 R_w 采用 Michell 积分法来计算,然后再乘上修正系数 p,p 值取对应于母型船设计航速点的兴波阻力理论计算值与试验值之比;k 为形状影响因子,根据模型试验来选取。

Michell 积分公式可以表示为下列形式:

$$R_w = \frac{4\rho g^2}{\pi U_\infty^2} \int_1^\infty \frac{\lambda^2}{(\lambda^2-1)^{\frac{1}{2}}} \big[P^2(\lambda) + Q^2(\lambda) \big] \mathrm{d}\lambda$$

$$P(\lambda) = \int_{-T}^0 \int_{-L/2}^{L/2} F_X(X, Z) \cos\Big(\frac{g}{U_\infty^2}\lambda X\Big) \cdot \exp\Big(\frac{g}{U_\infty^2}\lambda^2 Z\Big) \mathrm{d}X\,\mathrm{d}Z$$

$$Q(\lambda) = \int_{-T}^{0} \int_{-L/2}^{L/2} F_X(X, Z) \sin\left(\frac{g}{U_\infty^2} \lambda X\right) \cdot \exp\left(\frac{g}{U_\infty^2} \lambda^2 Z\right) dX dZ \quad (5-2)$$

式中，U_∞ 是航速；ρ 是水的质量密度；g 是重力加速度；$F_x(X, Z)$ 是船体水线的纵向斜率。

$$F(X, Z) = \frac{B}{2} \cdot f(\xi, \zeta) \quad (5-3)$$

相当平板摩擦阻力 R_F 按下式计算：

$$R_F = \frac{1}{2} \rho U_\infty^2 S \cdot C_{f_0} \quad (5-4)$$

式中，C_{f_0} 是相当平板摩擦阻力系数，这里采用桑海公式来计算；S 为湿表面积，是船体坐标的函数，采用帐篷函数来近似计算，即

$$C_{f_0} = \frac{0.463\,1}{(\lg Re)^{2.6}} \quad (5-5)$$

式中，Re 是雷诺数。又

$$Re = \frac{UL}{\nu} \quad (5-6)$$

式中，U 是航速；L 是特征长度，这里指船长；υ 是流体运动黏性系数。

2）设计变量

直接取船体型值为设计变量。

3）约束条件

约束条件主要考虑满足几何形状的限制和排水体积的要求，有如下两个：

（1）所有的型值均为非负值，即 $y(i, j) \geqslant 0$；其中，$y(i, j)$ 为船体表面坐标值。

（2）保证必要的排水体积，即 $\nabla \geqslant \nabla_0$；其中，$\nabla$、$\nabla_0$ 分别为最优船型和母型船的排水体积，也就是保证最优船型的排水量不小于母型船的前体下实现降阻效果。

4）优化方法

优化计算采用非线性规划法中的 SUMT 内点法，即在目标函数中加入反映约束条件影响的附加项，使其在形式上构成无约束最优化问题。

5.1.2 Michell 积分法的船型优化数据文件

以下是基于 Michell 积分法的船型优化文件。该文件包括优化设计范围、设计变量个数、优化计算的初始参数、母型船主要要素、设计航速和船体型值，如下所示。

```
21      0       6   0.414   1.200
0.001   0.010   0.010   0.001   0.001—优化初始参数
2.000   0.267   0.107   21 6 0.285—船舶主尺度、站号、剖面和设计航速
30      0.0     2.000
0.000   0.050   0.100   0.150   0.200   0.250   0.300   0.350   0.400   0.450
0.500   0.550   0.600   0.650   0.700   0.750   0.800   0.850   0.900   0.950
1.000
0.000   0.075   0.250   0.500   0.750   1.000
0.000   0.000   0.005   0.048   0.114   0.232   0.380   0.518   0.632   0.712
0.750   0.730   0.670   0.578   0.467   0.346   0.234   0.138   0.062   0.012
0.000
0.000   0.055   0.110   0.170   0.272   0.404   0.546   0.675   0.778   0.835
0.866   0.850   0.798   0.715   0.607   0.485   0.358   0.231   0.132   0.050
0.000
0.000   0.081   0.175   0.290   0.429   0.580   0.722   0.841   0.921   0.964
0.985   0.975   0.944   0.879   0.769   0.629   0.476   0.325   0.190   0.075
0.000
0.000   0.087   0.204   0.346   0.502   0.660   0.802   0.906   0.971   0.996
1.000   1.000   0.994   0.962   0.884   0.754   0.592   0.413   0.236   0.085
0.000
0.000   0.090   0.213   0.368   0.535   0.691   0.824   0.917   0.977   1.000
1.000   1.000   1.000   0.987   0.943   0.857   0.728   0.541   0.321   0.116
0.000
0.000   0.102   0.228   0.391   0.562   0.718   0.841   0.926   0.979   1.000
1.000   1.000   1.000   0.994   0.975   0.937   0.857   0.725   0.536   0.308
0.000
```

5.1.3 算例

1）Wigley 船型

优化设计范围取船前体 6 个剖面，从第 14 站到船体艏端，且船底、设计水线面和设计范围的前后端部设为固定，如图 5-1 所示；图 5-2～图 5-4 是 Wigley 最优船型和母型船的横剖线和水线比较；图 5-5 是 Wigley 最优船型和母型船的船侧波形图；图 5-6 是 Wigley 最优船型和母型船的兴波阻力系数曲线比较；图 5-7 是 Wigley 最优船型和母型船的波形等高线图。

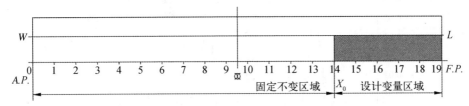

图 5-1　Wigley 船型优化设计范围

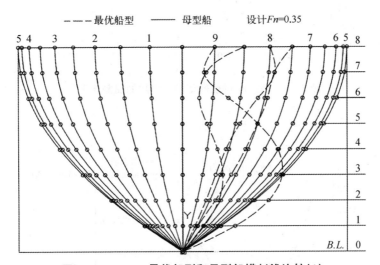

图 5-2　Wigley 最优船型和母型船横剖线比较(1)

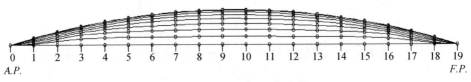

图 5-3　Wigley 母型船水线

图 5-4　Wigley 最优船型水线(1)

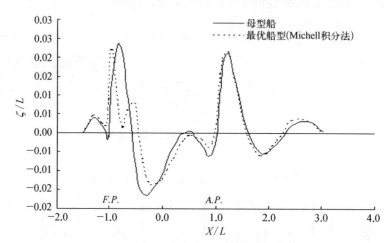

图 5-5　Wigley 最优船型和母型船的船侧波形(1)

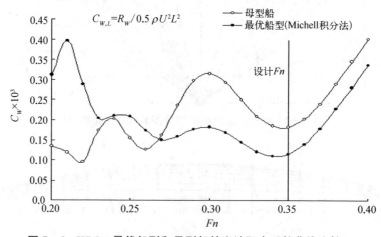

图 5-6　Wigley 最优船型和母型船的兴波阻力系数曲线比较(1)

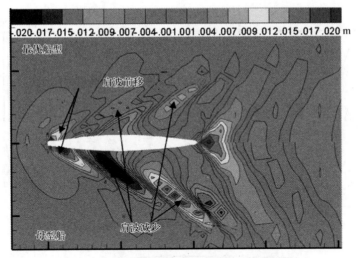

图 5-7　最优船型和母型船的波形等高线(1)

2) S60 船型

以 S60 船型为例进行优化计算,优化设计范围如图 5-8 所示。为了方便优化计算,将船首、船尾修改为与 $F.P$、$A.P$ 相一致的直线,沿船长方向从 A 到 AP,沿吃水方向将 0.75WL～BL 之间的船宽修正为零,如图 5-9 所示;图 5-10～图 5-12 是最优船型和母型船的横剖线和水线比较;图 5-13 是最优船型和母型船的船侧波形图;图 5-14 是最优船型和母型船的兴波阻力系数曲线比较;图 5-15 是最优船型和母型船的波形等高线图;表 5-1 是基于 Michell 积分法的优化计算结果。

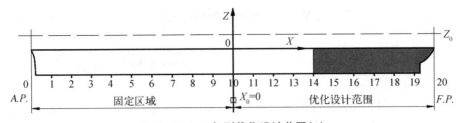

图 5-8　S60 船型优化设计范围(1)

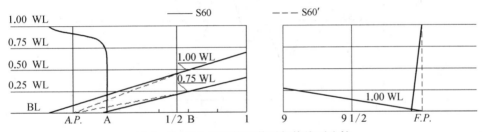

图 5-9　S60 船型修改前后船体线型比较

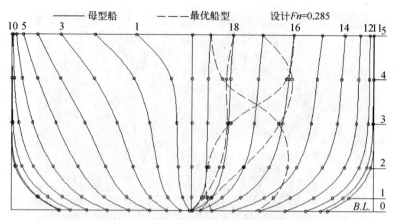

图 5-10　S60 最优船型和母型船横剖线比较(1)

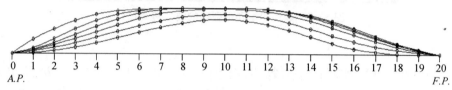

图 5-11　S60 母型船水线图

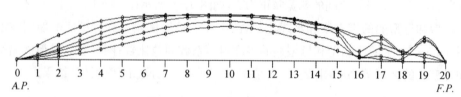

图 5-12　S60 最优船型水线(1)

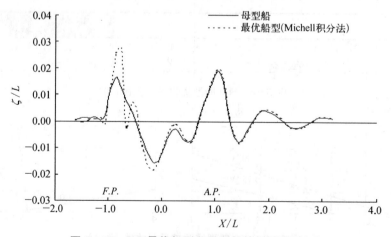

图 5-13　S60 最优船型和母型船的船侧波形(1)

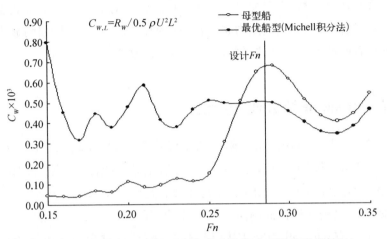

图 5-14 S60 最优船型和母型船的兴波阻力系数曲线比较(1)

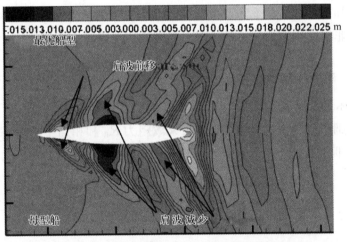

图 5-15 S60 最优船型和母型船的波形等高线(1)

表 5-1 基于 Michell 积分法的优化计算结果

船 型	约束条件	设计 Fn	R_W/R_{W0}	R_F/R_{F0}	R_T/R_{T0}	V/V_0	S/S_0
Wigley 船型	(1)(2)	0.35	64.5%	1.022	90.8%	1.014	1.091
S60 船型	(1)(2)	0.285	74.6%	1.033	72.6%	1.000	1.033

　　从优化后的船体横剖线和水线图中可以看出,最优船型的特点是靠近艏端的两站横剖面形状向船侧鼓出,船首呈球状,本书称之为非突出型球鼻艏。但是,球鼻艏的形状比较夸张,缺乏实际意义。这样的球鼻艏对降低阻力固然有好

处,但也带来了许多弊端,比如加工比较困难,还会对艏部设备的安装和操作带来不便等。最优船型的兴波阻力系数在设计傅氏数的一定范围内明显小于母型船,但改良后船型的波高和波形并没有得到明显改善。

5.2　基于 Rnakine 源法的船型优化

基于 Michell 积分法的最小阻力船型优化设计,优化结果往往会出现缺乏实际意义的比较怪异的船型,这是由于该方法是基于线性兴波阻力理论,对物面条件和自由面条件做了线性化假定的。因此,其计算结果不如慢船理论准确,而且薄船理论一般用于优化横剖面面积曲线的。Rankine 源法虽然在兴波阻力的数值计算上没有 Michell 积分法快,但它的数值计算结果更接近试验值,而且,随着计算机的运算速度和存储量的迅速提高,结合最优化技术进行船型优化还是可以实现的。因此,接下来以兴波阻力数值计算精度较好的 Rankine 源法为基础,结合非线性规划法探讨最小阻力船型的优化设计。

5.2.1　建立船型优化模型

1) 目标函数

选取总阻力 R_T 为目标函数,R_T 用兴波阻力 R_W 和相当平板摩擦阻力 R_F 之和来表达,即

$$R_T = p \cdot R_W + (1+k) \cdot R_F \rightarrow \min \qquad (5-7)$$

式中,符号意义同上;形状影响系数 k 按下式计算:

$$k = 0.11 + 0.128 \frac{B}{T} - 0.0157 \left(\frac{B}{T}\right)^2 - 3.10 \frac{C_B}{L/B} + 28.8 \left(\frac{C_B}{L/B}\right)^2 \quad (5-8)$$

R_W 采用 Rankine 源法来计算:

$$R_W = \frac{1}{2} \cdot \rho \cdot U_\infty^2 \cdot L^2 \cdot C_{W,L} \qquad (5-9)$$

式中,$C_{W,L}$ 是基于 L^2 的兴波阻力系数;L 为船长;B 为船宽;T 为设计吃水;C_B 为方形系数;U_∞ 为航速,其他参数同上。

2) 设计变量及优化范围

优化设计范围分别取艏部、前半体和全船。以船型修改函数的参数作为设

计变量,最优船型的形状 $y(x, z)$ 采用在母型船 $f_0(x, z)$ 的基础上乘上一个船型修改函数 $w(x, z)$ 来表达,即

$$y(x, z) = f_0(x, z) \cdot w(x, z) \tag{5-10}$$

$$w(x, z) = 1 - \sum_m \sum_n \alpha_{mn} \sin\left[\pi\left(\frac{x - x_0}{x_{\min} - x_0}\right)^{m+2}\right] \cdot \sin\left[\pi\left(\frac{\beta - z}{\beta + T}\right)^{n+2}\right]$$

$$m, n = 1, 2, 3, \ -L/2 \leqslant x \tag{5-11}$$

$$w(x, z) = 1 - \sum_m \sum_n \alpha_{mn} \sin\left[\pi\left(\frac{x - x_0}{x_{\max} - x_0}\right)^{m+2}\right] \cdot \sin\left[\pi\left(\frac{\beta - z}{\beta + T}\right)^{n+2}\right]$$

$$m, n = 1, 2, 3, \ 0 \leqslant x \leqslant L/2$$

$$w(x, z) > 0 \quad (x > x_0, z < z_0) \tag{5-12}$$

式中, x_0 和 $x_{\max}$ 是船体的特征参数; L 是船首(包括球鼻艏)最前端的纵向坐标; T 一般是欲修改的最大深度坐标,若维持基线不变,则 T 就是吃水。A_{mn} 和 z_0 作为设计变量,固定 $m, n = 1, 2, 3$,共 9 个 A_{mn},设计变量不超过 10 个。因此,选择船型修改函数减少了设计变量个数,提高了优化计算速度。

约束条件和优化方法同 5.1.1 节。

5.2.2 船型优化流程

船型优化计算的流程如图 5－16 所示,首先输入母型船值文件,该文件包括:母型船主要要素和型值、设计范围、设计变量个数、设计航速、优化计算的初始参数等,如下所示。

```
21      0       6       0.414   1.200
0.010   0.010   0.099   0.050   0.050
2.000   0.267   0.107   21      6       0.285
30      0.000   2.000
1 1 1 101.9 2
0 1 1
1.26175 0 0
−1.00   −0.90   −0.80   −0.70   −0.60   −0.50   −0.40   −0.30
−0.20   −0.10   0.000   0.100   0.200   0.300   0.400   0.500   0.600
0.700   0.800   0.900   1.000
```

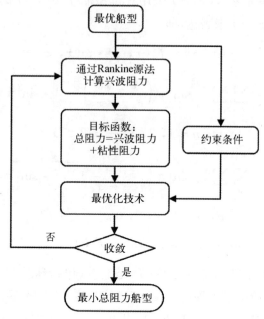

图 5 - 16 船型优化计算的流程

0.000	0.050	0.100	0.150	0.200	0.250	0.300	0.350	0.400	0.450
0.500	0.550	0.600	0.650	0.700	0.750	0.800	0.850	0.900	0.950
1.000									

0.000	0.075	0.250	0.500	0.750	1.000

0.000	0.000	0.005	0.048	0.114	0.232	0.380	0.518	0.632	0.712
0.750	0.730	0.670	0.578	0.467	0.346	0.234	0.138	0.062	0.012
0.000									

0.000	0.055	0.110	0.170	0.272	0.404	0.546	0.675	0.778	0.835
0.866	0.850	0.798	0.715	0.607	0.485	0.358	0.231	0.132	0.050
0.000									

0.000	0.081	0.175	0.290	0.429	0.580	0.722	0.841	0.921	0.964
0.985	0.975	0.944	0.879	0.769	0.629	0.476	0.325	0.190	0.075
0.000									

0.000	0.087	0.204	0.346	0.502	0.660	0.802	0.906	0.971	0.996
1.000	1.000	0.994	0.962	0.884	0.754	0.592	0.413	0.236	0.085
0.000									

0.000	0.090	0.213	0.368	0.535	0.691	0.824	0.917	0.977	1.000
1.000	1.000	1.000	0.987	0.943	0.857	0.728	0.541	0.321	0.116
0.000									
0.000	0.102	0.228	0.391	0.562	0.718	0.841	0.926	0.979	1.000
1.000	1.000	1.000	0.994	0.975	0.937	0.857	0.725	0.536	0.308
0.000									

通过 Rankine 源法计算兴波阻力,将兴波阻力和相当平板摩擦阻力之和作为目标函数并结合基本约束条件,通过非线性规划法进行最优化计算,判断优化结果是否收敛,如果不收敛,则返回初始状态,重复上面的操作;如果收敛,则优化计算结束,得到最小总阻力船型。

5.2.3 算例

1) Wigley 船型

Wigley 船型的船体网格划分和自由面网格划分同 2.4.1 节。优化设计范围如图 5-1 所示;图 5-17～图 5-18 是最优船型和母型船的横剖线和水线比较;图 5-19 是最优船型和母型船的船侧波形图;图 5-20 是最优船型和母型船的兴波阻力系数曲线比较;图 5-21 是最优船型和母型船的波形等高线图。

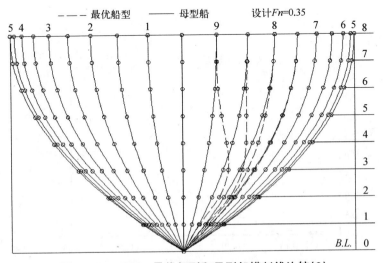

图 5-17 Wigley 最优船型和母型船横剖线比较(2)

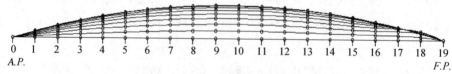

图 5 - 18　Wigley 最优船型水线(2)

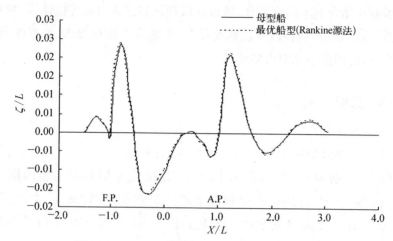

图 5 - 19　Wigley 最优船型和母型船的船侧波形

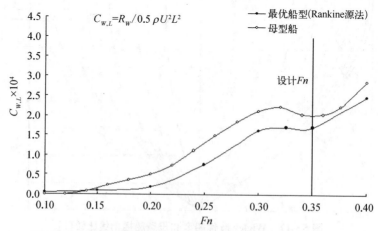

图 5 - 20　Wigley 最优船型和母型船的兴波阻力系数曲线比较

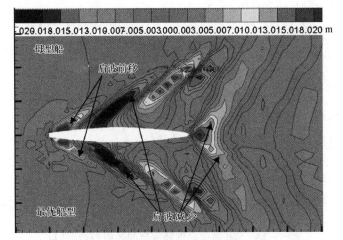

图 5-21　Wigley 最优船型和母型船的波形等高线

2）S60 船型

S60 船型船体网格划分和自由面网格划分同 5.2.3 节。S60 船型优化设计范围如图 5-8所示；图 5-22 和图 5-23 是 S60 最优船型和母型船的横剖线和水线比较；图 5-24 是 S60 最优船型和母型船的船侧波形图；图 5-25 是 S60 最优船型和母型船的兴波阻力系数曲线比较；图 5-26 是 S60 最优船型和母型船的波形等高线图；表 5-2 是基于 Rankine 源法的优化计算结果汇总。

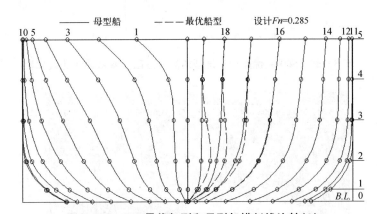

图 5-22　S60 最优船型和母型船横剖线比较(2)

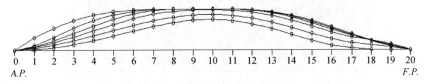

图 5-23　S60 最优船型水线(2)

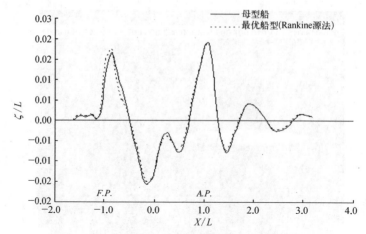

图 5 - 24　S60 最优船型和母型船的船侧波形(2)

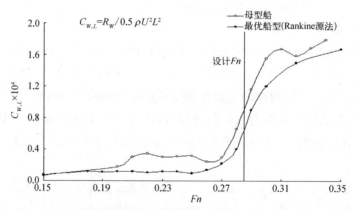

图 5 - 25　S60 最优船型和母型船的兴波阻力系数曲线比较(2)

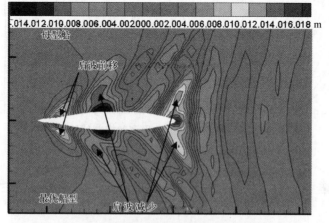

图 5 - 26　S60 最优船型和母型船的波形等高线(2)

表 5‑2　基于 Rankine 源法的优化计算结果汇总

船　型	约束条件	设计 Fn	R_W/R_{W0}	R_F/R_{F0}	R_T/R_{T0}	V/V_0	S/S_0
Wigley 船型	(1)(2)	0.35	86.5%	1.005	95.7%	1.091	1.023
S60 船型	(1)(2)	0.285	76.6%	1.002	90.2%	1.039	1.011

　　基于 Rankine 源法的最小阻力船型优化设计得到的最优船型,虽然没有大的球鼻艏,但降阻效果也相当可观,且最优船型的线型光滑、平顺,比较接近实用船型;在设计航速点两种最优船型的兴波阻力分别降低了 13.5% 和 23.4%,总阻力分别降低了 4.3% 和 9.8%;最优船型的波高并没有发生太大变化,而波形却更加清晰,出现了明显的开尔文波系形状。

5.2.4　不同约束条件下的最小兴波阻力船型设计

　　以 S60 船型为例,通过改变约束条件和设计变量来探讨基于 Rankine 源法的最小兴波阻力船型优化设计,具体的设计方案如表 5‑3 所示。

表 5‑3　船型优化设计参数和设计条件一览表

	设计方案 1	设计方案 2	设计方案 3
目标函数	R_w	R_w	R_w
设计航速	$Fn=0.285$	$Fn=0.285$	$Fn=0.285$
设计变量	$A_{mn}(m,n=1,2,3)$	$A_{mn}(m,n=1,2,3)$, Z_0	$A_{mn}(m,n=1,2,3)$, Z_0
优化设计范围	水线面固定,船体前半体优化设计	水线面和船体前半体优化设计	水线面和船体前半体优化设计
约束条件	$y(i,j) \geqslant 0$, $\nabla_0 \leqslant \nabla$	$y(i,j) \geqslant 0$ $\nabla_0 \leqslant \nabla \leqslant 1.005\nabla$	$y(i,j) \geqslant 0$, $A_w \geqslant A_{w0}$ $\nabla_0 \leqslant \nabla \leqslant 1.005\nabla$

注:∇_0、∇ 分别为母型船和最优船型的排水体积,A_{w0}、A_w 分别为母型船和最优船型的水线面面积。

　　船型优化设计范围取船体前半体,且船底和设计范围的前后端部固定;设计水线面根据需要分别取固定的和不固定的,如图 5‑27 所示。

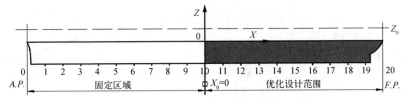

图 5‑27　优化设计范围

基于 Rankine 源法的优化计算结果汇总于表 5-4 中。最优船型和母型船的横剖线、水线的比较如图 5-28～图 5-33 所示。在设计方案 1 中,最优船型船体型线向船体外侧鼓出的趋势较大,最优船型艏部呈 U 形,这是因为排水体积从上向下移动的结果;设计方案 2 和设计方案 3 的最优船型船体型线变化趋势相同,只是设计方案 3 的变化量略有减少,其原因是附加水线面面积约束条件所致。图 5-34～图 5-36 是最优船型和母型船的波浪剖面图,从图中可以看到最优船型的艉部波高有不同程度的降低,艏部略有升高;图 5-37 是最优船型和母型船的兴波阻力系数曲线比较,从图中可以看到最优船型的兴波阻力系数在设计博氏数的一定区域内有了明显的降低;图 5-38～图 5-40 是最优船型和母型船的自由面波形图,呈现开尔文波系形状。

表 5-4 基于 Rankine 源法的优化计算结果

设计方案	R_w/R_{W0}	V/V_0	S/S_0	A_w/A_{w0}	时间/h
设计方案 1	76.2%	1.039	1.011	—	1.6
设计方案 2	79.5%	1.005	1.001	—	1.8
设计方案 3	81.4%	1.003	1.006	1.002	2.2

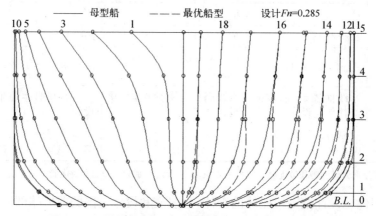

图 5-28 最优船型和母型船横剖线比较(设计方案 1)

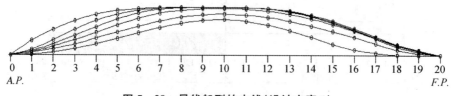

图 5-29 最优船型的水线(设计方案 1)

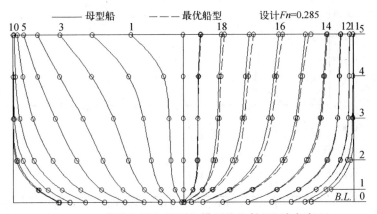

图 5-30 最优船型和母型船横剖线比较(设计方案 2)

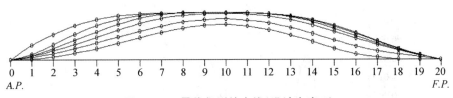

图 5-31 最优船型的水线(设计方案 2)

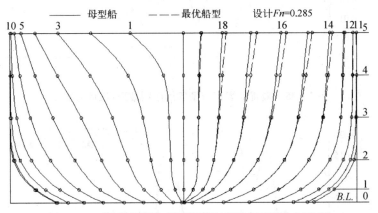

图 5-32 最优船型和母型船横剖线比较(设计方案 3)

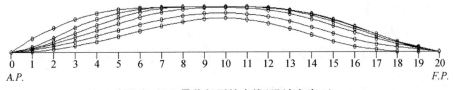

图 5-33 最优船型的水线(设计方案 3)

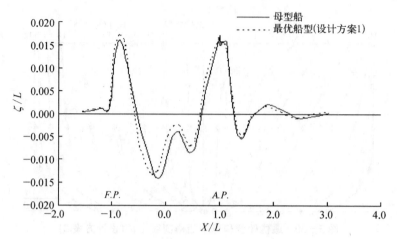

图 5 - 34　最优船型和母型船的船侧波形(设计方案 1)

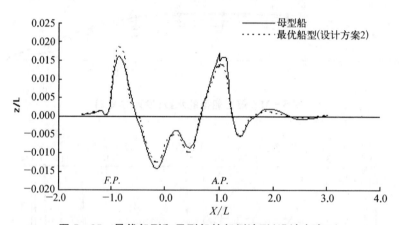

图 5 - 35　最优船型和母型船的船侧波形(设计方案 2)

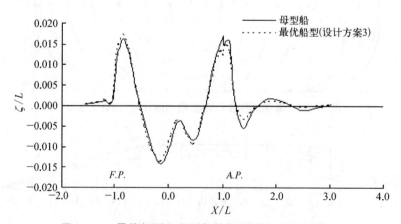

图 5 - 36　最优船型和母型船的船侧波形(设计方案 3)

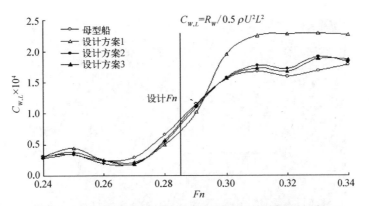

图 5-37 最优船型和母型船的兴波阻力系数曲线比较

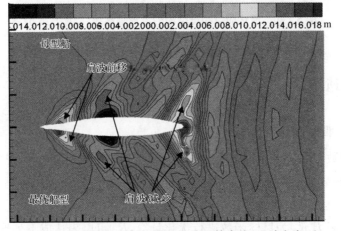

图 5-38 最优船型和母型船的波形等高线(设计方案 1)

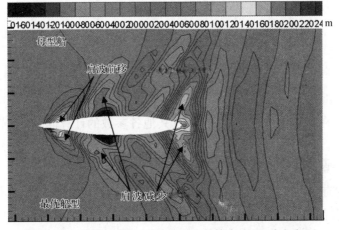

图 5-39 最优船型和母型船的波形等高线(设计方案 2)

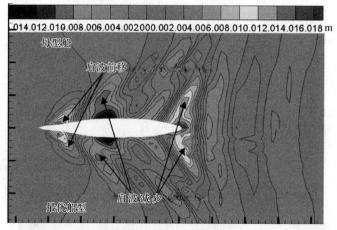

图 5-40　最优船型和母型船的波形等高线(设计方案 3)

5.3　基于遗传算法的最小阻力船型优化设计

5.3.1　船型优化模型

目标函数、设计变量和约束条件同 5.2.1 节。参照日本学者安川宏纪的思路,采用罚函数法把约束优化问题转化为无约束优化问题,然后用基本遗传算法进行最小阻力船型优化设计。

选取总阻力 R_T 为目标函数进行优化计算,R_T 可以表达成下列形式,即

$$R_T = p \cdot R_W + (1+k) \cdot R_F + \alpha \cdot (\nabla_0 - \nabla) + \alpha \cdot \frac{1}{\displaystyle\sum_{i=1}^{M} y_i(x, z)} \to \min$$

$$(5-13)$$

式中,α 是惩罚因子,当 $y(i, j) \geqslant 0$, $\nabla > \nabla_0$ 时 $\alpha = 0$,当 $y(i, j) < 0$, $\nabla < \nabla_0$ 时起惩罚作用,在计算中取足够大的 α 值;其他各参数的计算同 5.2.1 节。

5.3.2　基于基本遗传算法的船型优化

SGA 的有效性和可行性已在实际应用中被证实,然而,对于具体的一个优化问题,使用者必须合理地确定遗传算子、算法参数及约束的处理方法,他们会对优化结果产生直接影响。因此,对于本节的船型优化问题,设计了如下的

SGA 数学模型：

1）初始化种群

本节采用实数编码的染色体，即每一个染色体由一个实数编码表示，其长度与设计变量的维数相同。因此，船型参数用 0 和 1 的二进制数码来表示。把船型基因排成一定的次序，就构成了船型染色体。

2）适应度评价

对染色体进行评估，就是建立相应的适值函数。因此，对每一个船型染色体进行解码，得到一组设计参数的数值，然后针对这一组设计参数值，计算与之相应的目标函数。

3）选择

本节采用竞技选择法，这种方法通过个体间相互竞争，优胜者成为下一代的个体。在每一代群体中，每次都随机选择 k 个个体构成一个小群体，然后从这 k 个个体中确定性地取适应度最大的个体复制，进入下一代群体。被复制后的个体仍返回父代群体中，参加下一次 k 个个体的随机选择。这种随机选择重复 M 次，产生 M 个下一代个体。

具体操作步骤如下：

（1）从第 t 代群体中随机选择 k 个个体。

（2）比较 k 个个体的适应度，复制适应度最大者进入第 $t+1$ 代，被复制的个体仍保留在第 t 代。

（3）重复执行步骤（1）和步骤（2）M 次，直至产生同 t 代一样的个体数目。

4）交叉

本节所采用的均匀交叉技术，是指两个配对个体的每一个基因座上的基因都以相同的交叉概率进行交换，从而形成两个新的个体。

5）变异

通过自适应的思路来确定变异概率 $P_m = 0.2 \times 0.9^n$，n 为遗传代数，即随着群体优良特性的增加而减少变异概率的取值，这样可以更好地抑制早熟现象的发生。

6）约束的处理及评判函数

约束的处理策略有拒绝策略、修复策略、改进遗传算子策略以及惩罚策略等。对于本节的优化问题，采用适用于严约束问题的惩罚策略，加入惩罚项后的评判函数为

$$\text{eval}(x) = \frac{10^5}{f(x) + 10^7 p(x)} \tag{5-14}$$

式中,$f(x)$为目标函数;$p(x)$为归一化的所有大于零的约束函数值之和。

7) 终止条件

大多数传统 SGA 都选择达到给定循环次数作为终止条件,这种方法可能造成未达到计算精度就被迫终止或已达到计算精度还要继续循环的不良后果。因此,本节将最优染色体的目标值达到给定精度 ε 作为终止条件。

通过对 SGA 某些遗传算子的局部改进,并将改进的 SGA 用于船型优化设计中,获得了理想的最小阻力船型,图 5 - 41 是 SGA 流程。

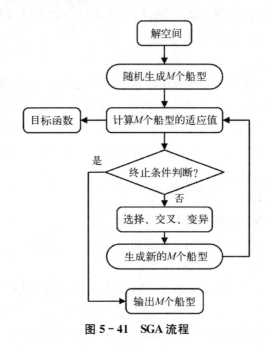

图 5 - 41　SGA 流程

5.3.3　基于小生境遗传算法的船型优化

1) NGA 的执行步骤

采用 FORTRAN 语言编制程序,具体步骤如下:

(1) 初始化种群。首先设置 $t = 1$,把船型基因表示成 0 和 1 的二进制数,然后随机生成带有 M 个个体的种群 $P(t)$,最大进化代数设置为 T。

(2) 适应值评价。计算第(1)步得到的种群中各个个体的适应度,并按适应度由大到小降序排列,并记忆前 N 个个体,这 N 个个体不参与选择、交叉、变异等遗传运算,直接与变异后的个体一起进行小生境淘汰运算。

(3) 选择操作。在这里采用竞技选择法从种群 $P(t)$ 中选择个体,并生成新

种群 $P(t)'$。

（4）交叉操作。根据给定的交叉概率 P_c，对种群 $P(t)'$ 进行算术交叉，如果选择的两个个体是相同的，那么对其中一个个体进行均匀交叉，生成新的种群 $P(t)''$。

（5）变异操作。根据给定的变异概率 P_m，对种群 $P(t)''$ 进行均匀变异操作，生成带有 M 个个体的新种群 $P(t)'''$。

（6）小生境淘汰运算。将由上面得到的新 M 个个体和第（2）步保留的 N 个个体合并，得到一个有 $M+N$ 个新群体，并进行小生境淘汰运算。

（7）生成新的种群。对第（6）步得到的新 $M+N$ 个个体的适应度进行降序排列，再次记忆前 N 个个体，并且将排序中的前 M 个个体作为新一代群体。

（8）结束准则。如果 $t \leqslant T$，那么 $t = t+1$，进行到第（7）步生成 M 个个体作为下一代的种群 $P(t)$，然后转到第（3）步；如果 $t > T$，算法结束，并输出计算结果。

2）计算流程图

NGA 流程如图 5-42 所示。

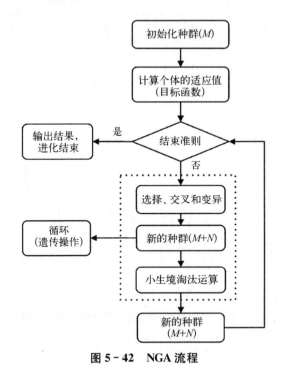

图 5-42　NGA 流程

5.3.4　算例

本节选取 S60 船型为母型船，分别利用 SGA 和 NGA 进行船型优化，优化设计范围取船体前半体,且设计水线处、船底、设计范围的前后端部为固定,如图 5-27 所示;船体网格划分和自由面网格划分同 5.2.2 节。

基于 NGA 和 SGA 的优化计算结果汇总于表 5-5 中;最优船型和母型船横剖线、水线比较如图 5-43~图 5-46 所示。基于 NGA 获得的最优船型横剖线向外鼓出的趋势比 SGA 大。图 5-47 是最优船型和母型船兴波阻力系数曲线比较,在设计博氏数一定区域内,NGA 获得的最优船型其兴波阻力系数曲线低于 SGA;图 5-48 是最优船型在 $Fn = 0.285$ 时,优化过程中总阻力系数的历史记录。SGA 在进化初期收敛速度较快,但到了 20 世纪 90 代,算法进入最优解的某一个领域停滞不前,从而造成局部收敛,种群在进化中丧失了多样性;而 NGA 大约每隔 35 代,船型就能得到明显的改进,其 C_T 逐渐降低,到第 250 代时的结果被认为是最优船型。NGA 在进化过程中表现出稳定的进化速度,即使当搜索接近全局最优解时,也能维持较高的种群多样性,为进一步的进化提供潜在的动力。

表 5-5　NGA 和 SGA 的优化计算结果

优化方法	约束条件	设计 Fn	R_W/R_{W0}	R_F/R_{F0}	R_T/R_{T0}	V/V_0	S/S_0
NGA	(1)(2)	0.285	57.8%	1.007	81.6%	1.017	1.012
SGA	(1)(2)	0.285	69.6%	1.001	86.0%	1.002	1.001

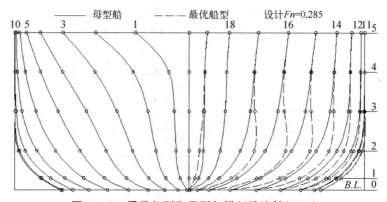

图 5-43　最优船型和母型船横剖线比较(SGA)

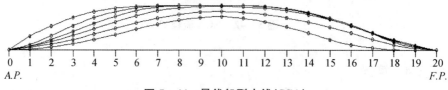

图 5-44　最优船型水线(SGA)

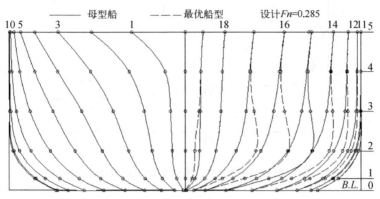

图 5 - 45　最优船型和母型船横剖线比较(NGA)

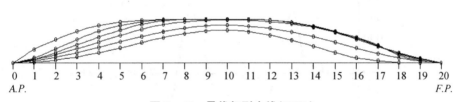

图 5 - 46　最优船型水线(NGA)

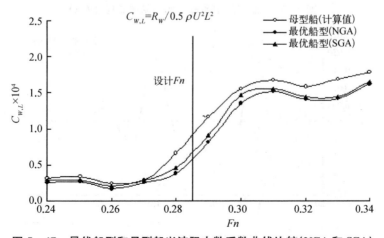

图 5 - 47　最优船型和母型船兴波阻力数系数曲线比较(NGA 和 SGA)

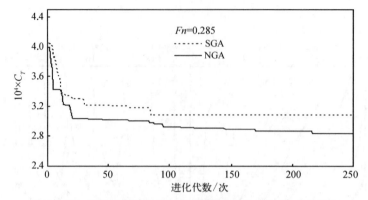

图 5 - 48 优化过程中总阻力系数的历史记录(SGA 和 NGA)

图 5 - 49 和图 5 - 50 分别是 NGA 和 SGA 得到的最优船型和母型船波浪剖面图。在图 5 - 49 中,最优船型的艏部波高变化不大,其他区域的波高有了明显

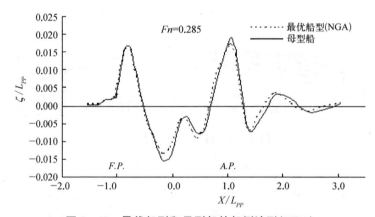

图 5 - 49 最优船型和母型船的船侧波形(NGA)

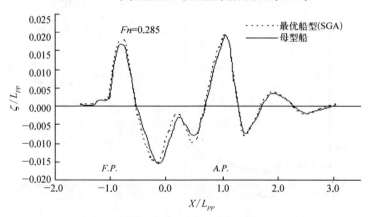

图 5 - 50 最优船型和母型船的船侧波形(SGA)

的降低；在图 5 - 50 中，最优船型的艏部波高和艉部波高都增加了，只是在舯部处略有降低。

图 5 - 51 和图 5 - 52 是在 $Fn=0.285$ 时，NGA 和 SGA 得到的最优船型（上）和母型船（下）的自由面波形图，从图中可以看到最优船型有明显的开尔文波系形状，出现了横波和散波。其中，NGA 得到的最优船型自由面波形更加清晰。

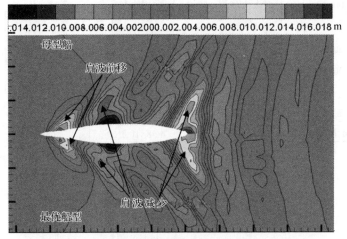

图 5 - 51　母型船和最优船型的波形等高线(NGA)

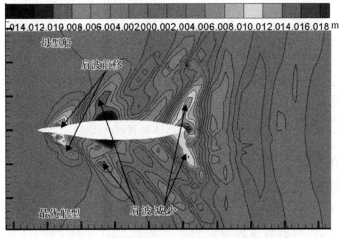

图 5 - 52　母型船和最优船型的波形等高线(SGA)

5.3.5　非线性规划法和遗传算法优化计算结果比较

图 5 - 53 和图 5 - 54 分别表示 NLP、SGA 和 NGA 的降阻效果和耗费时间

比较,由图可知:NGA 获得的最优船型降阻效果最好,NLP 耗费的时间最少,但降阻效果最差。

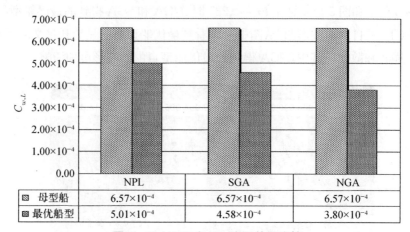

图 5 - 53　NLP 和 GA 降阻效果比较

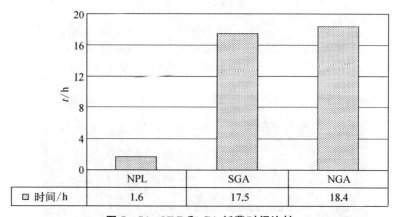

图 5 - 54　NLP 和 GA 耗费时间比较

　　传统优化方法在优化速度方面比遗传算法有优势,但是,随着设计变量的增加,遗传算法的优化速度方面并不比传统优化算法差,这是因为传统优化算法和设计变量的多少有直接关系;设计变量越多优化速度越慢。而遗传算法只和种群的数量有关,而种群数量和变量的多少无关,因此在每个回合的计算中,遗传算法耗费时间少。在优化速度占优的同时,可使每个设计变量都参与到优化中去。

　　在求解多变量的优化问题时,遗传算法在优化速度方面不比传统优化方法慢的同时,还可以采用并行计算来提高速度,所以遗传算法对于多设计变量的优化问题具有很大优势。同时，对于船舶这样的复杂系统，一旦出现多个极值时，遗传算法可以在含有多个局部极值的优化中找到全局最优点和局部最优点。在遗传算法中由于概率的引进，使得在优化中会出现一些全新的船型，这无疑将给最优船型开发带来很大的帮助。

5.4 考虑黏性分离的最小阻力船型优化

在满足一定的装载要求及设计航速条件下，设计出最小阻力船型往往是船舶设计中最重要的问题之一，以往的船舶设计者大多数是基于兴波阻力理论进行船型的改型研究，铃木和夫的论文就是其中最典型的代表。但是，迄今为止的所有研究都是在保持船尾线型不变，仅把船首部作为设计对象进行船型优化。这是因为船型优化必须从兴波、黏性、耐波性以及推进性能等诸多方面来考虑后体形状的设计，所以要想对艉部线型进行优化研究其难度可想而知。因此，在此领域的研究者较少，本节根据船型优化设计理念，在保持艉部不发生黏性分离的条件下，使兴波阻力达到最小，采用二维湍流简易分离判断式，对不同形状的翼型进行了分离点的判断，并把它用于船体表面各流线的分离判断上，设计出考虑黏性分离的最小阻力船型，通过和试验值相比较，验证了该方法的实用性。因此，本节基于这一设计思想，以 S60 船型为母型船，从获得最小总阻力船型出发，综合考虑各方面影响因素，把全船线型作为优化设计对象，利用势流兴波阻力理论 Rankine 源法并结合非线性规划法中 SUMT 内点法进行最小阻力船型优化设计，对优化前后的船型采用简易的二维湍流分离判断式，求出船体表面各流线上的分离点，近似求出分离域，并判断最优船型的分离域是否大于母型船，从而保证在以兴波阻力为主要目标函数进行船型优化时黏性阻力并没有明显增加。

5.4.1 黏性水阻力

黏性水阻力来自船体湿表面上的摩擦阻力，垂直作用于船体表面，可以从边界层理论来描述流体的黏性效应。这意味着，黏性影响仅仅作用于靠近船体表面的薄层中。平板上的二维边界层，可以用来描述黏性流动的重要特性，可以把船体表面近似地看作平板。如果从随动坐标系上观测流动，船舶的进速表现为作用在静止船体上的速度为 U_∞ 的来流，如图 5-55 所示。来流速度为 U_∞，方向沿 x 轴的正方向，δ 为边界层厚度。水必须黏附在平板上，也就是说水和平板之间没有相对滑移,这就意味着平板上的流速为零。在一个离开平板很短的垂向距离 $\delta(x)$(是距平板导边纵向距离 x 的函数)以外,流速等于 U_∞。当雷诺数 $Rn_x = U_\infty X/\nu$ 约小于 10^5 时,黏性流为层流。

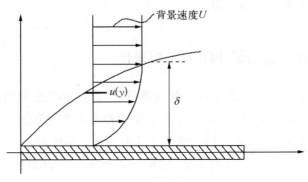

图 5 - 55　平板边界层示意图

流动分离的发生是使船体黏性阻力增加的因素之一。如果流动从船体分离,在分离线后就能得到更大的黏性起作用的区域。这意味着对压力分布的影响加大,并增加形状阻力。流动不仅能在物面上有尖锐折角处发生分离,也能够从没有尖锐折角的表面处发生分离,下面利用图 5 - 56 来说明二维流动中分离是怎样发生的。如果物面上存在一点 S,这里有 $\partial u/\partial y = 0$,并且在 S 点的后方存在回流,那么就认为 S 点发生了分离;如果在 S 点后方,仍然有 $\partial u/\partial y = 0$,那么就不认为流动从 S 点分离。出现这种情形是有利的,因为 $\partial u/\partial y = 0$ 意味着在物面上剪应力 τ_w 为零,通过对船体表面适当设计可以达到这一效果。S 点的位置决定于沿船体表面的压力梯度 $\partial p/\partial x$ 以及分离点上游边界层中的流动状态(层流或湍流)。根据边界层理论,逆向压力梯度 $\partial p/\partial x$ 为正值,是流动分离的必要条

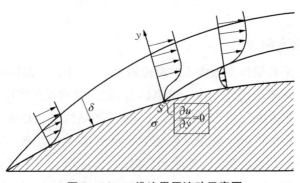

图 5 - 56　二维边界层流动示意图

件。只要注意到 $\partial p / \partial x = -\rho U_e \mathrm{d}U_e / \mathrm{d}x$，就可以从式(5-15)验证这一点。

$$\frac{\partial p}{\partial x} = \mu \frac{\partial^2 u}{\partial y^2}, \ y = 0 \qquad (5-15)$$

由微积分学知,流动分离的条件 $\mathrm{d}u / \mathrm{d}y = 0$ 也是 $u(y)$ 取得局部最大值或最小值的条件。对于我们的问题而言, $u(y)$ 明显应该取最小值,于是 $\partial^2 u / \partial y^2$ 在分离点 S 处为正值。由方程可知,分离点发生的必要条件是 $\partial p / \partial x$ 在船体表面的分离点处为正值。因为沿平板的流动恒有 $\partial p / \partial x = 0$,所以在沿平板流动的这种情形下,不会发生流动分离。

5.4.2 船型优化模型

1) 目标函数

本节的目标函数同 5.2.1 节。

2) 设计变量

本节优化设计范围取全船,从第 0 站到船首最前端第 20 站,且设计水线处、船底、船体的前后端部为固定,如图 5-57 所示。

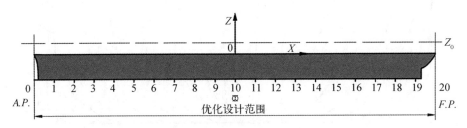

图 5-57 S60 船型优化设计范围(2)

船型修改函数的表达式见式(5-9)~式(5-11)。

3) 约束条件

本节的约束条件同 5.1.1。

4) 优化方法

采用非线性规划法实现 S60 船型的全船最小阻力船型设计。

5.4.3 算例

选择 S60 船型为母型船进行优化设计,S60 船型的船体网格划分和自由面网格划分同 5.2.3 节。

基于 Rankine 源法的全船优化计算结果汇总于表 5 - 6 中；图 5 - 58 和图 5 - 59 是母型船和最优船型的横剖线和水线比较，最优船型的横剖线在艏艉区域变化较大。因此，一般认为艉部线型的变化可能会发生黏性分离，从而导致该船型的其他性能发生改变，对此进行分离判断是必要的，接下来，本节使用简易二维湍流分离判断式进行分离判断。图 5 - 60 为最优船型和母型船的兴波阻力系数曲线比较；最优船型和母型船的船侧波形图如图 5 - 61 所示；母型船和最优船型的波形等高线图如图 5 - 62 所示。

表 5 - 6   基于 Rankine 源法的全船优化计算结果

船　　型	约束条件	设计 Fn	R_W/R_{W0}	R_F/R_{F0}	R_T/R_{T0}	V/V_0	S/S_0
最优船型	(1)(2)	0.285	86.8%	1.000	95.5%	1.003	1.000

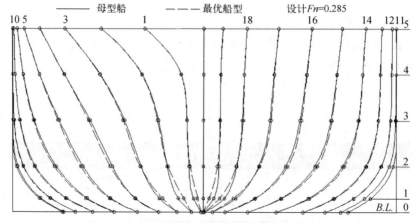

图 5 - 58   S60 最优船型和母型船横剖线比较(3)

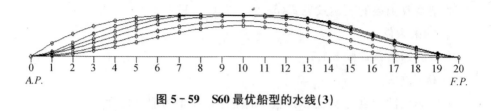

图 5 - 59   S60 最优船型的水线(3)

5.4.4   船型优化流程

船型优化流程图如图 5 - 63 所示，首先输入母型船值文件，该文件包括：母型船主要要素和型值、设计范围、设计变量个数、设计航速、优化计算的初始参数

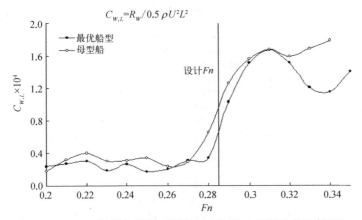

图 5 - 60 S60 最优船型和母型船的兴波阻力系数曲线比较(3)

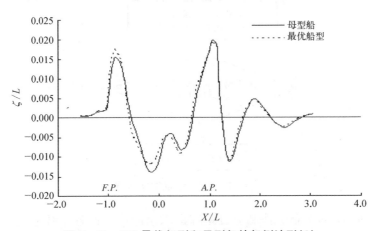

图 5 - 61 S60 最优船型和母型船的船侧波形(3)

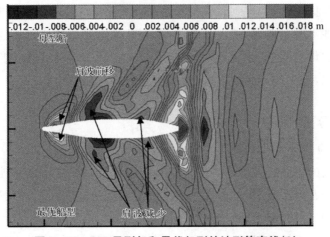

图 5 - 62 S60 母型船和最优船型的波形等高线(3)

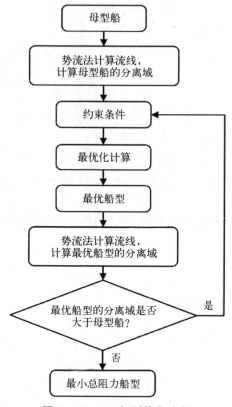

图 5 - 63　S60 船型优化流程

等;然后根据 Hess-Smith 法和流线跟踪法求出船体表面各流线上的速度分布,并求出各流线上的分离点和母型船的分离域;再根据基本约束条件结合非线性规划法进行最优化计算,得到最优船型。再次利用简易二维分离判断式求出最优船型各流线上的分离点,求出分离域,并判断最优船型的分离域是否大于母型船。如果大于母型船,则改变约束条件,返回初始状态,重新进行优化计算;如果不大于母型船,则优化计算结束,得到最小总阻力船型。

5.4.5　分离判断法

1) 二维简易分离判断条件

船型优化的思路是在艉部不发生分离的条件下,使总阻力达到最小,由于三维湍流分离问题过于复杂,本节采用二维简易湍流分离判断式,并把它用于船体表面各流线的分离判断上,近似求出分离域。

采用田中一朗和姬野洋司对有压力分布的二维湍流边界层的压力梯度和

表面局部摩擦应力的关系，如图 5 - 64 所示，坐标轴 Γ、G 的定义为

$$\Gamma = \frac{\theta}{U_\infty} \frac{\mathrm{d}U_\infty}{\mathrm{d}S} \left(\frac{U_\infty \theta}{\nu}\right)^{\frac{1}{4}}$$

$$(5-16)$$

$$G = \frac{\tau_w}{\rho U_\infty^2} \left(\frac{U_\infty \theta}{\nu}\right)^{\frac{1}{4}} \quad (5-17)$$

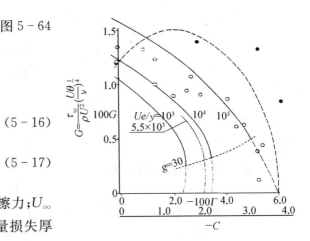

图 5 - 64   压力梯度和表面局部摩擦应力的关系

$$\Gamma = \frac{\theta}{U} \frac{\mathrm{d}U}{\mathrm{d}S} \left(\frac{U\theta}{\nu}\right)^{\frac{1}{4}}; \ C = \frac{1}{U^5} \frac{\mathrm{d}U}{\mathrm{d}S} \int_0^s U^4 \mathrm{d}s$$

式中，τ_w 是物体表面的局部摩擦力；U_∞ 是边界层外缘的流速；θ 是动量损失厚度；S 是距物体表面距离；分离点定义为 $\tau_w = 0$（即 $G = 0$），由图可知，$G = 0$ 所对应的 Γ 值随雷诺数 $R_\theta (U_\infty \theta / \nu)$ 变化。现假定模型的雷诺数 $R_L = U_\infty L / \nu$，其对应的相当平板 $R_\theta \approx 5.5 \times 10^3$，把 R_θ 对应的曲线插入图 5 - 64 中，得到分离点的 $\Gamma \approx -0.03 (\Gamma s \approx -0.03)$。

动量损失厚度 θ 值可以根据二维湍流边界层理论进行计算：

$$\theta \left(\frac{U_\infty \theta}{\gamma}\right)^{\frac{1}{4}} = \frac{c}{U_\infty^d} \int_0^s U_\infty^d \mathrm{d}s \qquad (5-18)$$

式中，$c = 0.016$，$d = 4.0$。

把式（5 - 18）代入式（5 - 16），得

$$\Gamma = \frac{0.016}{U_\infty^5} \frac{\mathrm{d}U_\infty}{\mathrm{d}S} \int_0^s U_\infty^4 \mathrm{d}s \qquad (5-19)$$

定义一个新的函数 $C(s)$：

$$C(s) \equiv \frac{1}{U_\infty^5} \frac{\mathrm{d}U_\infty}{\mathrm{d}S} \int_0^s U_\infty^4 \mathrm{d}s \qquad (5-20)$$

因此，得到的分离点 $\Gamma s = -0.03$ 相对应的 $C(s)$ 值为

$$C(s) \equiv \frac{1}{U_\infty^5} \frac{\mathrm{d}U_\infty}{\mathrm{d}S} \int_0^s U_\infty^4 \mathrm{d}s \approx -2.0 \qquad (5-21)$$

本节把式（5 - 21）作为判断物体表面各流线是否发生分离的条件，只要求出

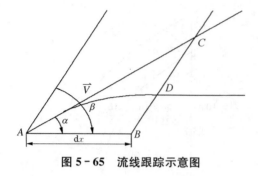

图 5 - 65　流线跟踪示意图

边界层外缘的流速 $U_\infty(s)$，便可简单地求出分离点，$U_\infty(s)$ 可用物体表面势流速度近似代替。

2）流线跟踪法

叠模解得到后，就可以算出每个场点的诱导速度，如图 5 - 65 中 A 点的诱导速度 V。β 为后掠角，α 为诱导速度方向和 x 轴的夹角。如果直接根据 A 点的诱导速度来求流线上下一个点的位置的话，将得到 C 点。C 点坐标为

$$\left(\mathrm{d}x\, \frac{1}{1 - \tan\alpha \cot\beta},\ \mathrm{d}x\, \frac{\tan\alpha}{1 - \tan\alpha \cot\beta} \right) \qquad (5-22)$$

其中，$\mathrm{d}x$ 是根据第一根流线上各点间隔的距离确定的，如果第一根流线第 i 和第 $i+1$ 个点去除后掠角的影响后，在 x 方向间隔为 $\mathrm{d}x$（如图 5 - 65）；那么其他流线上第 i 和第 $i+1$ 个点去除后掠角的影响后，在 x 方向的间隔也同样为 $\mathrm{d}x$。直接求解在流线比较弯曲时可能会造成较大误差，如图 5 - 65 中 C 点和实际流线上的 D 点相差距离就较大。本书中采用四阶龙格库塔法求解，效果较好。

对船体表面进行分离判断的步骤如下：

（1）应用 Hess-Smith 方法计算船体表面势流速度分布。

（2）利用流线跟踪法求出船体表面各流线上的速度分布。

（3）计算各流线上的 $C(s)$ 分布，由式（5 - 21）判断是否发生分离，确定分离点的位置。

（4）连接各流线上的分离点，求出分离域。

如果知道边界层外侧的速度分布就可以根据式（5 - 21）计算 C，该式即为本研究中所建立的二维简易湍流分离判断式，为了研究该式的精度，对二维物体的计算值与试验值进行了比较。由于优化计算选择的母型船是 S60 船型，该船型比较接近实际船型。因此，本节使用的是白势康论文中的第二个模型的试验结果。图 5 - 66 是肥大二维船型的计算结果。边界层外侧的速度分布 U_∞/U 可由物体表面的势流速度近似表达。从这个例子中可以看出计算点比试验点稍向上偏移，计算值与试验值的吻合程度不是很好，分析其原因可能是边界层外侧的速度分布用物体表面的势流速的近似引起的，若考虑实际的黏性流，C 曲线应稍向

后,则计算点稍向后移。此外,应用该判别式对计算各种翼型得到的分离点与试验点进行比较,吻合的差异甚远,不一定能得到稳定的结果。但是,现采用包含 Rn 影响的该二维分离判别式作为大致的判别标准,仍然具有一定的意义。本节对船型表面的流线上的边界层进行近似计算,势流的速度分布用 Hess-Smith 的方法进行计算。

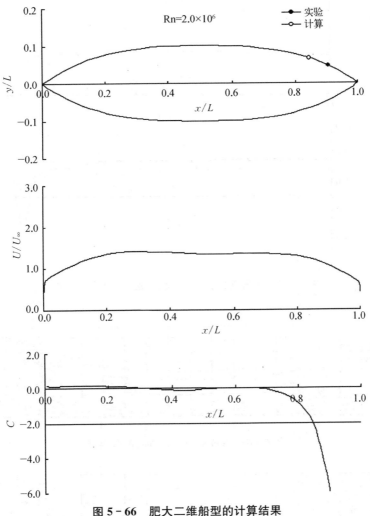

图 5 - 66　肥大二维船型的计算结果

3) 算例

图 5 - 67 是 S60 船型在满载吃水线的流线速度分布和 *C* 曲线。由图可知,该船型艏部附近因为 *C* 不等于－2.0,因此不发生分离,而在船尾附近出现了分

离又附着的现象。据此,对各流线进行分离判别后得到的湍流分离域如图5-68和图5-69所示。图中阴影区域为分离范围,其中图5-68是母型船的分离域,其面积为 3.446 dm²;图5-69是最优船型的分离域,其面积为 3.304 dm²。通过

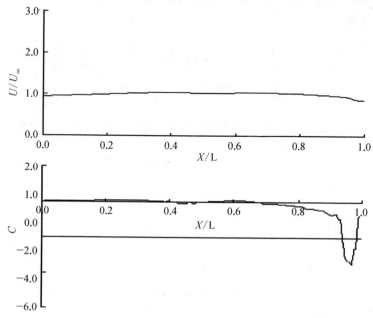

图5-67　在满载吃水线沿着流线速度分布和 C 曲线

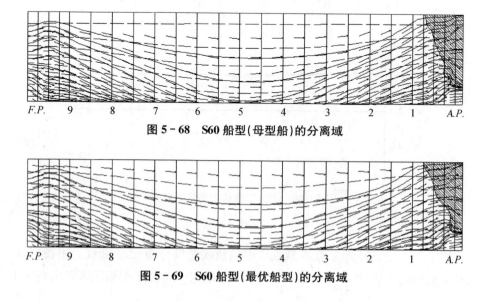

图5-68　S60 船型(母型船)的分离域

图5-69　S60 船型(最优船型)的分离域

比较这两个船型的分离域大小(侧投影面积),可以发现优化后得到的最优船型分离域并不大于母型船分离域,由此可以判断在以兴波阻力为主要目标函数的船型优化过程中,黏性阻力并没有明显增加。

5.5 船模拖曳试验结果

供试验用的船模共 2 个,母型船(S60)和理论优化得到的最优船型(S60-1)。模型长均为 3.0 m,宽为 0.400 5 m,吃水 0.166 5 m。试验时在船模 $9\frac{1}{2}$ 站处间隔 10 mm 设置高 3 mm 的激流钉,阻力试验在上海船舶运输科学研究院拖曳水池进行。

最优船型(S60-1)和母型船(S60)的总阻力和兴波阻力试验结果如图 5-70、图5-71所示,在设计航速点附近,最优船型的总阻力和兴波阻力与母型船相比均得到明显改善,这与理论计算结果是相一致的,分别比母型船降低了 3.5% 和

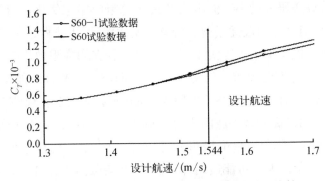

图 5-70 S60-1 和 S60 总阻力系数试验结果比较

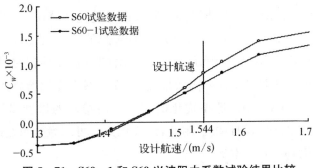

图 5-71 S60-1 和 S60 兴波阻力系数试验结果比较

21%,证实了该方法的适用性。

本节以势流兴波阻力 Rankine 源法为基础,以总阻力为目标函数,总阻力采用兴波阻力和相当平板摩擦阻力之和来表达,以船型修改函数的参数为设计变量,在确保排水量为基本约束条件下,应用非线性规划法中的 SUMT 内点法对全船的线型进行优化设计。由于艉部型线的变化可能会引起黏性阻力的增加。因此,本节采取在控制艉部分离域的条件下,使兴波阻力达到最小的方法,分别对母型船和最优船型利用简易的二维分离判断式来求各流线上的分离点,近似求出分离域,并判断最优船型的分离域是否大于母型船,如果分离域变化不大,可以认为在以兴波阻力为主要目标函数进行船型优化时黏性阻力并没有明显增加。

5.6 最优船型实用性讨论

本节以兴波阻力理论(Michell 积分法和 Rankine 源法)为基础,结合非线性规划法和遗传算法研究最小兴波阻力和最小总阻力船型优化,获得的最优船型降阻效果明显,但这样的最优船型是否就是实用船型,需要做进一步的讨论。

判断一个最优船型是否为实用船型不但要看它的降阻效果,还要看最优船型的线型是否符合实际要求。针对本节的算例,对于 Wigley 船型(设计 $Fn = 0.35$)、S60 船型(设计 $Fn = 0.285$)采用 Michell 积分法结合非线性规划法进行优化计算,所获得的最优船型兴波阻力分别降低了 35.5%、25.4%;总阻力分别降低了 9.2%、27.4%,降阻效果都很明显,但它们的线型变化很夸张,这样的线型对于一些装载液货的船型可能适用,但对于一些装载固货、散货,如集装箱、木材等就不适用了,要想得到实用船型需要适当的附加约束条件来控制型线变化,重新进行优化计算。对于 Wigley 船型(设计 $Fn = 0.35$)、S60 船型(设计 $Fn = 0.285$)采用 Rankine 源法结合非线性规划法进行优化计算获得的最优船型兴波阻力分别降低了 13.5%、23.4%;总阻力分别降低了 4.3%、9.8%。该方法的优化计算速度虽然没有 Michell 积分法快,但要比 CFD 技术快得多,更重要的一点是该方法得到的最优船型不仅降阻效果明显,而且线型变化趋势并不剧烈,而是光滑、平顺,接近实际船型。船型优化的初衷是对给定的母型船作小范围的修改,使其能达到降低阻力的目的。因此,该优化方法可以为船舶设计者提供优化船体线型的理论基础和技术支持。

基于 Michell 积分法的船型优化之所以会得到各种各样形状比较夸张的船

型,除了理论本身的原因外,更重要的一点是优化时所选的设计变量是直接取船体型值点,该设计变量是一些离散的点,比较灵活和自由,受到限制的程度低。最优船型虽然形状比较夸张,缺乏实际意义,但它对明确优化方向、指导设计修改具有重要意义。

　　基于 Rankine 源法的船型优化所选用的设计变量是船型修改函数的参数,船型修改函数对优化设计范围限制过多,仍能保持原有船型的形状,因此,优化出来的船型不会太离奇。基于 Rankine 源法的船型优化,除了在设计航速点处获得的最优船型降阻效果明显外,在其他航速点附近的降阻效果也很明显,因为船舶在实际航行时并不一定能达到设计航速,因此在设计航速的一定范围内都能得到最小阻力船型有实际意义,所以,该最优船型比较接近实用船型,该方法对研究船型优化更具有实际意义。

参 考 文 献

［1］安川宏纪.A Theoretical study on ship hull form improvement form a wave resistance point of view[J].西部造船会报,1999(97)：1－9.

［2］郭小东,嵇春艳,王自力,等.大型油船中剖面结构优化设计的遗传算法[J].江苏科技大学学报(自然科学版),2006.20(1)：1－6.

［3］鈴木和夫,伊岡森信臣.Rankine source 法に基づく造波抵抗最小船型の計算[J].日本造船学会論文集,185(1999)：9－19.

［4］法尔廷森.海上高速船水动力学[M].崔维城,刘应中,葛春化,等译.北京：国防工业出版社,2007.

［5］马坤,田中一朗.最小阻力船型优化研究[J].水动力学研究与进展(A 辑),1997,12(1)：114－122.

［6］田中一朗,姬野洋司.圧力勾配のある二次元乱流境界層の速度分布の一解法[J].日本関西造船協会誌,1969(132)：43－47.

［7］馬坤,田中一朗.剝離を考慮した極小抵抗船型決定法(第 1 報)[J].日本関西造船協会誌,1994(221)：9－15.

［8］馬坤,田中一朗.剝離を考慮した極小抵抗船型決定法(第 2 報)[J].日本関西造船協会誌,1994(222)：41－47.

基于 CFD 的船型优化

本节以 RANS 法为基础,构建基于 SBD 技术的最小静水阻力和最小波浪阻力的船型优化设计框架。以 Wigley 数学船型和 DTMB5415 船模两类典型船型为优化设计对象,以 RANS 法计算的静水阻力和波浪阻力为目标函数,把反映船体形状变化的控制参数作为设计变量,把排水量限制作为基本约束条件,再去考虑其他附加约束条件,结合现代优化算法进行优化计算,获得理论上的最优船型;通过和母型船相比较,以此来确定最优船型的降阻效果。研究成果可为真正实现"绿色船型"设计奠定理论基础。

6.1 优化模型

1) 目标函数

以 Wigley 船型和 DTMB5415 船型为研究对象,其船型主尺度如第 2 章所示。以静水中的总阻力 R_{tc} 最小或者波浪中的总阻力 R_{tw} 最小为目标函数,即 Min R_{tc} 或 Min R_{tw}(下文采用静水中的总阻力系数 C_{tc} 和波浪中的总阻力系数 C_{tw})对优化结果进行讨论分析。

2) 设计变量

以船体艏部为优化设计范围,采用 ASD 自由曲面变形方法对其进行几何形状修改。取 8 个设计变量:a_{11}、a_{12}、a_{21}、a_{22};b_{11}、b_{12}、b_{21}、b_{22},具体控制策略如表 6-1 所示,控制位置如图 6-1 所示。对于 DTMB5415 船型优化,a_{11} 和 a_{12} 控制点 1 的变化,a_{21} 控制点 2 的变化,a_{22} 控制点 3 的变化。a_{11} 沿着 x 方向移动,a_{21} 和 a_{22} 沿着 y 方向移动,a_{12} 沿着 z 方向移动。对于 Wigley 船型优化,b_{11} 和 b_{22} 控制点 4 的变化,b_{12} 控制点 5 的变化,b_{21} 控制点 6 的变化。b_{11} 沿着 x 方向移动,b_{12} 和 b_{21} 沿着 y 方向移动,b_{22} 沿着 z 方向移动。

表6-1 优化设计变量

控制策略	设 计 变 量							
	DTMB5415 船型				Wigley 船型			
控制顶点参数	a_{11}	a_{12}	a_{21}	a_{22}	b_{11}	b_{12}	b_{21}	b_{22}
控制顶点序号	1	1	2	3	4	5	6	4
移动方向	x	z	y	y	x	y	y	z

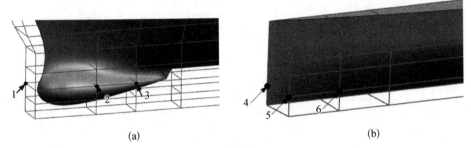

(a) (b)

图6-1 设计控制晶格点示意图

(a) DTMB5415;(b) Wigley

3）约束条件

对于 DTMB5415 船型优化，排水体积变化小于等于 1%，即

$$\left| \frac{\Delta_{new} - \Delta_{org}}{\Delta_{org}} \right| \leqslant 0.01$$

式中，org 代表母型船，new 代表最优船型；对于 Wigley 船型优化没考虑排水体积约束。

4）优化方法

混合优化算法和 IPSO 算法。

5）目标函数评估方法

基于 RANS 方法的数值模拟、基于近似技术的阻力预测。

6.2 综合集成

船型自动优化流程是将各个独立的计算单元通过接口程序实现数据交换，彼此连成一个整体并按照所搭建的顺序流畅运行，形成一个完整的优化平台，完成优化目的，其整个优化过程并不需要人工干预。船型优化计算流程如图6-2所示。

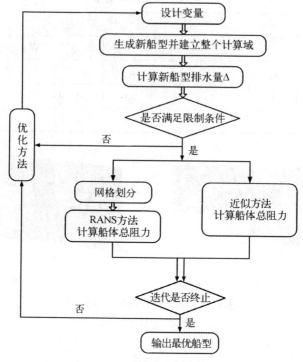

图 6 - 2　船型优化计算流程

　　首先,建立船体几何修改模型,并制定设计变量。其次,根据该设计变量生成最优船型和整个计算域。再次,判断最优船型的排水体积是否满足约束条件,如果不能满足约束条件,则删除该船型,并通过优化算法设计一套新的设计变量进行循环计算,直到满足限制条件为止。最后,采用 RANS 方法或近似方法计算船体的总阻力,并保存计算结果。若达到优化终止条件,则输出最优船型;反之,采用优化算法改变设计变量重新进行优化,反复迭代,直至优化终止。整个优化流程采用多学科设计优化集成软件 ISIGHT 实现。

6.3　算例

6.3.1　基于 RANS 法的船型优化

1) 基于 IPSO 算法Ⅱ的声呐罩优化设计

　　为了改善 PSO 算法的全局搜索能力差的缺陷,以 DTMB5415 舰船的球鼻艏为研究对象,以船体在静水中的总阻力为优化目标,采用改进的 IPSO 算法Ⅱ

建立全局优化数学模型。为了验证改进算法的实用性和有效性,分别采用传统的 PSO 算法和改进的 IPSO 算法Ⅱ对 4 个数学函数进行优化,采用 ASD 方法修改船体声呐罩区域的形状。经过一系列的优化计算得出:基于 IPSO 算法Ⅱ的优化平台适用于船体外形优化。同时,与 PSO 算法相比,IPSO 算法Ⅱ收敛速度较快,并且能克服 PSO 算法易陷入局部最优的缺点。

(1) 优化方法验证。为了验证改进算法的有效性,采用传统 PSO 算法和 IPSO 算法Ⅱ对 4 个数学函数进行优化,其函数形式如式(6-1)~式(6-4)所示。

$$f_1(x) = \sum_{i=1}^{D-1} \left[100 \left(x_{i+1} - x_i^2 \right)^2 + \left(x_i - 1 \right)^2 \right] \qquad (6-1)$$

$$f_2(x) = 0.5 + \frac{\sin^2 \left(\sqrt{\sum_{i=1}^{D} x_i^2} \right) - 0.5}{\left[1.0 + 0.001 \left(\sum_{i=1}^{D} x_i^2 \right) \right]^2} \qquad (6-2)$$

$$f_3(x) = \sum_{i=1}^{D} \left[x_i^2 - 10\cos(2\pi x_i) + 10 \right] \qquad (6-3)$$

$$f_4(x) = \frac{1}{4\,000} \sum_{i=1}^{D} x_i^2 - \prod_{i=1}^{D} \cos\left(\frac{x_i}{\sqrt{i}} \right) + 1 \qquad (6-4)$$

表 6-2 列出采用两种算法的优化结果对比。图 6-3 为优化迭代历程。从表中可以看出,IPSO 算法Ⅱ具有较高的优化精度,而传统的 PSO 优化算法已经陷入了局部最优值,尤其是多峰函数 $f_3(x)$ 和 $f_4(x)$。对于函数 $f_2(x)$ 来说,虽然两种算法优化的结果相同,但是 IPSO 算法Ⅱ具有较快的收敛速度[如图 6-3(b)]。综上所述,IPSO 算法Ⅱ收敛速度较快,优化效率较高,适用于不同问题的优化求解。

表 6-2　采用两种算法的优化结果对比

函　　数	D	理论最小值	*PSO*	*IPSO*
$f_1(x)$	10	0	8.622 4	0.665 7
$f_2(x)$	10	0	0.009 716	0.009 716
$f_3(x)$	10	0	16.925 0	2.985 5
$f_4(x)$	10	0	1.027 7	$2.481e^{-9}$

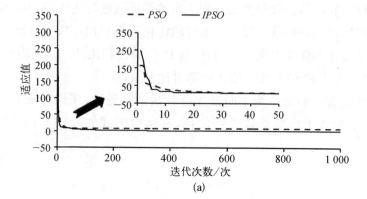

(a)

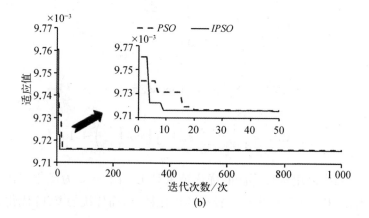

(b)

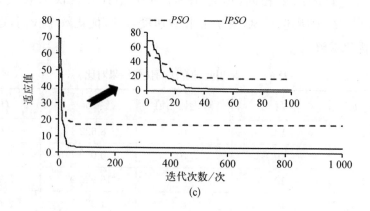

(c)

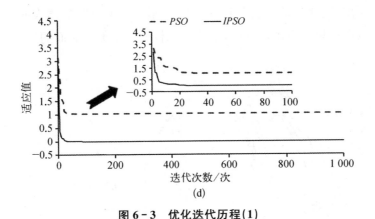

图 6-3 优化迭代历程(1)

(a) $f_1(x)$；(b) $f_2(x)$；(c) $f_3(x)$；(d) $f_4(x)$

(2) 优化结果分析。图 6-4 为母型船 DTMB5415 船模和最优船型 B 在静水中的总阻力系数 C_{tc} 随航速的变化关系曲线。从图中可以看出，本节计算的总阻力结果与试验值相符。在所有航速下，最优船型 B 的总阻力均比母型船的总阻力低，且降阻效果在设计航速和高航速时较为明显。

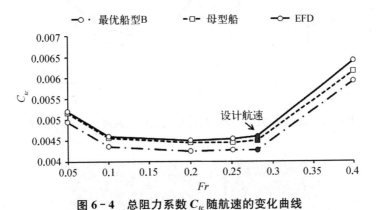

图 6-4 总阻力系数 C_{tc} 随航速的变化曲线

图 6-5 为母型船 DTMB5415 与最优船型 B 的船体型线对比，从图中可以看出，优化得到的最优船型与原始船型相似且线型光顺良好，除声呐罩外船体其他部分线型无变化。图 6-6 为母型船 DTMB5415 与最优船型 B 在 $y/L = 0.105$ 处的纵切波对比。从图中可以看出，最优船型的纵切波幅值明显低于母型船。图 6-7 为母型船 DTMB5415 与最优船型 B 自由表面波形对比图，从图中可以看出，母型船和最优船型的艏部波形图有明显的变化，主要是因为船体艏部声呐罩的改变使得水面波形发生较大变化，而船体艉部及其附近的波形等高线

变化较小。图 6-8 为母型船 DTMB5415 和最优船型 B 的船体表面压力分布云图对比。从图中可以看出，声呐罩的变化同样改变了船体表面的压力分布。

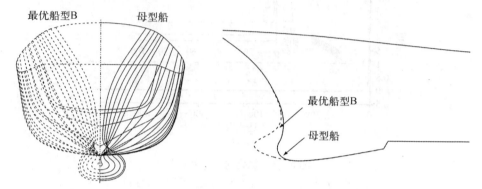

图 6-5　母型船 DTMB5415 与最优船型船体型线对比

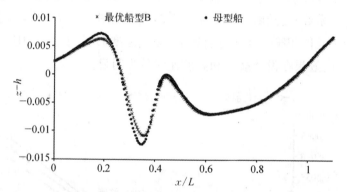

图 6-6　母型船 DTMB5415 与最优船型纵切波对比（$y/L=0.105$）

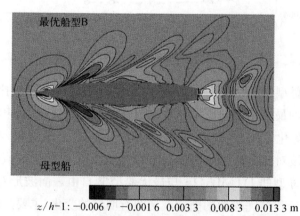

$z/h-1$: $-0.006\,7$ $-0.001\,6$ $0.003\,3$ $0.008\,3$ $0.013\,3$ m

图 6-7　母型船 DTMB5415 与最优船型自由表面波形对比

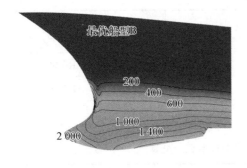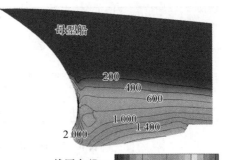

图 6-8　母型船 DTMB5415 与最优船型 B 船体表面压力分布云图对比

2）基于混合优化算法的船型优化设计

船舶在波浪中的水动力性能与在静水中的水动力性能截然不同。为了获得在波浪中总阻力最小的船体型线，本节开发了一套基于波浪中的总阻力为最小的船型优化平台。采用速度造波方法建立三维数值波浪水池，将船体设置成自由模型，并计算船体在波浪中的纵摇角度和升沉位移。采用 RANS 方法计算船体在波浪中的总阻力，采用 ASD 技术修改船体几何形状。为了提高 NLPQL 算法的优化精度，本节开发了一个混合优化策略，即采用最优拉丁超立方算法在优化空间进行取样设计，并将优化响应最佳区作为 NLPQL 优化算法的初始值进行优化。计算结果表明，该混合优化算法有效地改善了原始算法的优化精确度，同时，该优化平台适用于波浪中的船型优化。

（1）样本点选取。本节分别以 DTMB5415 船模和 Wigley 船型为例，采用最优拉丁超立方算法在传统 CFD 优化系统中设计 200 组方案。表 6-3 列出了本节采用的波浪计算工况。将 Case2 和 Case5 作为船型优化的波浪工况。样本集合如表 6-4 和表 6-5 所示，样本空间分布如图 6-9 和图 6-10 所示。

表 6-3　波浪计算工况

	计算工况 No	航速 Fr	波陡 ak	λ / L_{pp}	遭遇频率 f_e /Hz
	1	0.19	0.025	1	1.056 2
DTMB5415 船模	**2**	**0.28**	**0.025**	**1**	**1.217 6**
	3	0.34	0.025	1	1.325 1

（续表）

	计算工况 No	航速 Fr	波陡 ak	λ / L_{pp}	遭遇频率 f_e /Hz
	4	0.2	0.023	1	1.082 7
Wigley 船型	**5**	**0.3**	**0.023**	**1**	**1.263 6**
	6	0.4	0.023	1	1.444 2

表 6 - 4　DTMB5415 船型样本点一览表

No	a_{11}	a_{12}	a_{21}	a_{22}	C_{tw1}
1	−0.020 1	−0.024 42	0.062 3	−0.047 9	0.004 599
2	−0.253 3	−0.038 09	0.057 3	−0.046 8	0.004 543
3	−0.106 5	−0.093 62	−0.114 8	0.088 4	0.004 564
4	−0.201	−0.025 28	−0.014 3	−0.021 4	0.004 503
5	−0.307 5	−0.083 37	−0.072 1	−0.111 5	0.004 651
6	−0.243 2	−0.015 03	−0.145	−0.019	0.004 509
7	−0.317 6	−0.080 8	−0.075 9	−0.032 9	0.004 554
8	−0.042 2	−0.003 92	−0.113 6	0.076 9	0.004 626
9	−0.068 3	−0.101 31	−0.068 3	−0.007 5	0.004 643
10	−0.203	−0.139 75	0.082 4	0.056 1	0.004 658
...	...	...	...	...	...
197	−0.343 7	−0.062 86	0.067 3	0.079 2	0.004 563
198	−0.327 6	−0.077 39	0.052 3	0.009 8	0.004 564
199	−0.285 4	−0.103 87	−0.004 3	0.033	0.004 53
200	−0.012 1	−0.087 64	0.061 1	0.035 3	0.004 685

表 6 - 5　Wigley 船型样本点表

No	b_{11}	b_{12}	b_{21}	b_{22}	C_{tw2}
1	−0.036 9	−0.061	−0.549 4	−0.002 75	0.005 321
2	−0.379 1	−0.674 7	−0.523 7	0.041 78	0.005 138
3	−0.093 2	−0.016 1	−0.735 7	0.003 61	0.005 363
4	−0.306 8	−0.292 4	−0.273 1	0.039 76	0.005 150

（续表）

No	b_{11}	b_{12}	b_{21}	b_{22}	C_{tw2}
5	−0.249	−0.722 9	−0.086 7	0.042 94	0.005 174
6	−0.008	−0.122 1	−0.337 3	0.036	0.005 252
7	−0.393 6	−0.189 6	−0.350 2	0.029 93	0.005 132
8	−0.104 4	−0.154 2	−0.578 3	0.012 87	0.005 265
9	−0.250 6	−0.430 5	−0.138 2	−0.009 69	0.005 189
10	−0.036 9	−0.061	−0.549 4	−0.002 75	0.005 174
...	...	...	...	...	...
197	−0.242 6	−0.735 7	−0.096 4	0.004 77	0.005 225
198	−0.279 5	−0.668 3	−0.022 5	0.024 14	0.005 140
199	−0.359 8	−0.112 4	−0.555 8	0.030 22	0.005 151
200	−0.215 3	−0.71	−0.539 8	−0.004 48	0.005 311

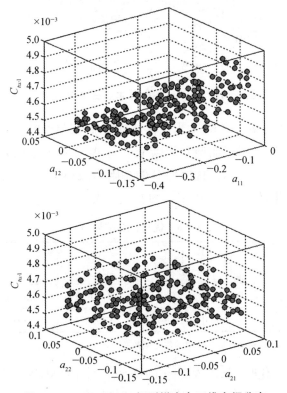

图 6 - 9 DTMB5415 船型样本点三维空间分布

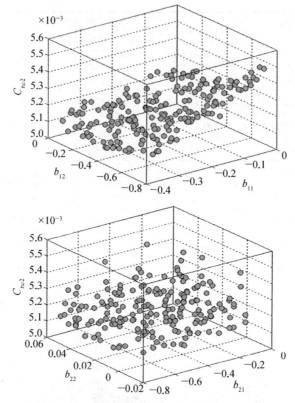

图 6 - 10　Wigley 船型样本点三维空间分布

（2）优化结果分析。表 6 - 6 为优化计算结果。最优船型 A 为以 DTMB5415 船为母型的修改船型，最优船型 B 为以 Wigley 船为母型的修改船型。最优船型 A 的总阻力减小了 3.71%，最优船型 B 的总阻力减小了 4.41%。虽然船体的艏部形状发生了变化，但是 TF_3 和 TF_5 的变化不大。

表 6 - 6　优化计算结果(1)

最　优　船　型	Fr	$\dfrac{C_{tw-org}}{C_{tw-opt}}$	$\dfrac{\Delta_{org}}{\Delta_{opt}}$	$\dfrac{TF_{3-org}}{TF_{3-opt}}$	$\dfrac{TF_{5-org}}{TF_{5-opt}}$
最优船型 A	0.28	1.038 5	1.006 9	0.991 8	1.036 1
最优船型 B	0.3	1.046 1	0.994 4	0.997 9	1.038 7

注：TF_3、TF_5 分别为垂荡和纵摇运动响应的传递函数。

由于在船型优化时，未对 Wigley 的排水量进行限制，因此表 6 - 7 列出了单位排水量下的总阻力减小情况。从表中可以看出，在 $Fr = 0.2$ 时，每单位的排水量下总阻力减小效果最明显。

表 6 - 7　单位排水量下的总阻力减小情况

Fr	母型船	最优船型	下降率/%
0.2	6.284×10^{-5}	5.916×10^{-5}	5.85
0.3	6.772×10^{-5}	6.437×10^{-5}	4.94
0.4	7.280×10^{-5}	6.907×10^{-5}	5.12

图 6 - 11 和图 6 - 12 为母型船和最优船型比较。从图中可以看出,修改后的船体型线光顺良好。

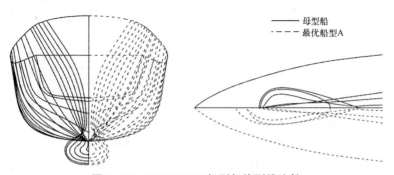

图 6 - 11　DTMB5415 船型船体型线比较

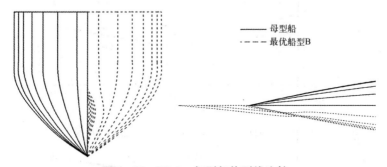

图 6 - 12　Wigley 船型船体型线比较

图 6 - 13 为优化迭代历程。从图中可以看到混合优化算法获得的结果比原始算法计算的结果更加优秀。图 6 - 14 为两船型的总阻力系数随着航速的变化关系。从图中可以看出,最优船型 A 和 B 在不同航速下总阻力均有降低。DTMB5415 船型在 $Fr=0.34$ 时阻力减小效果明显,Wigley 船型在 $Fr=0.2$ 时阻力减小效果也明显。图 6 - 15 和图 6 - 16 分别为 TF_3 和 TF_5 随航速的变化情况。

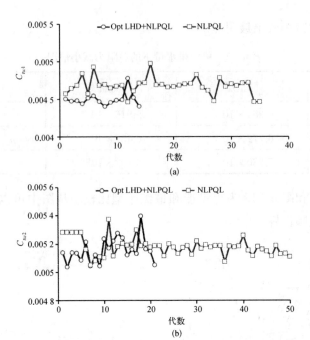

图 6 - 13 DTMB5415 船型与 Wigley 船型优化迭代历程

（a）DTMB5415 船型；（b）Wigley 船型

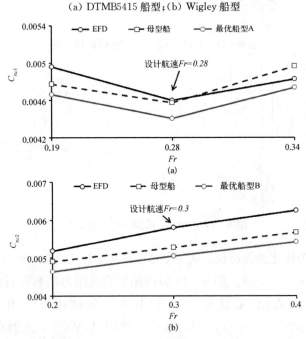

图 6 - 14 DTMB5415 船型与 Wigley 船型总阻力系数随着航速的变化关系

（a）DTMB5415 船型；（b）Wigley 船型

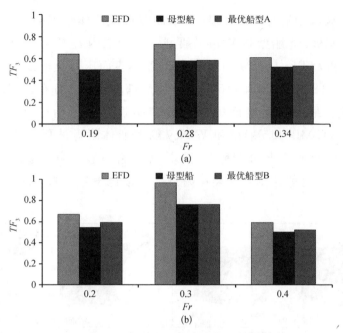

图 6 - 15   *TF*₃ 随着航速的变化示意图

（a）DTMB5415 船型；（b）Wigley 船型

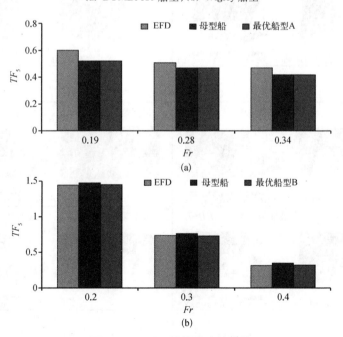

图 6 - 16   *TF*₅ 随着航速的变化

（a）DTMB5415 船型；（b）Wigley 船型

　　船体在波浪中航行时,不同时刻水面波形及船体受到的压力不同,本节列出了 DTMB5415 船型和 Wigley 船型一个周期内 $t/T = 0$、$t/T = 0.25$、$t/T = 0.5$ 和 $t/T = 0.75$ 共 4 个时刻的船体表面压力分布云图,如图 6-17 所示。图 6-18 为 DTMB5415 船型船体艏部剪切应力分布云图。从图中可以明显看出:最优船型表面的压力分布明显小于原始船型的压力分布。图 6-19 为 DTMB5415 船型和 Wigley 船型船体附近波形对比。从图中可以看出:最优船型 A 与母型船相比,其新的艏部形状明显地改变了艏部波形等高线云图,且船体附近和船尾附近的波浪也发生了明显的变化。

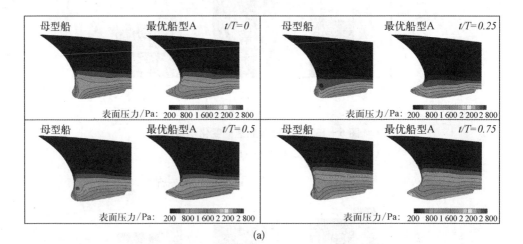

(a)

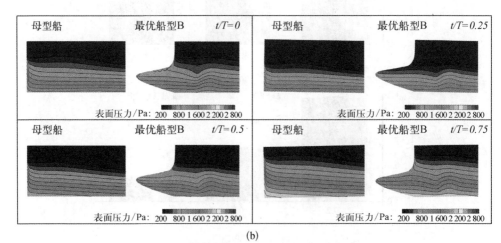

(b)

图 6-17　DTMB5415 船型和 Wigley 船型一个周期内船体表面压力分布

(a) DTMB5415 船型;(b) Wigley 船型

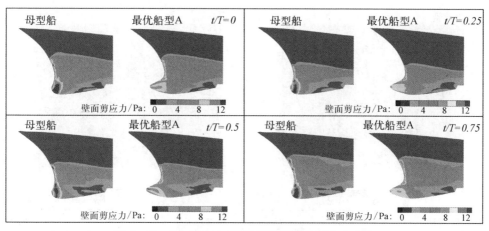

图 6-18 DTMB5415 船型船体艏部剪切应力分布

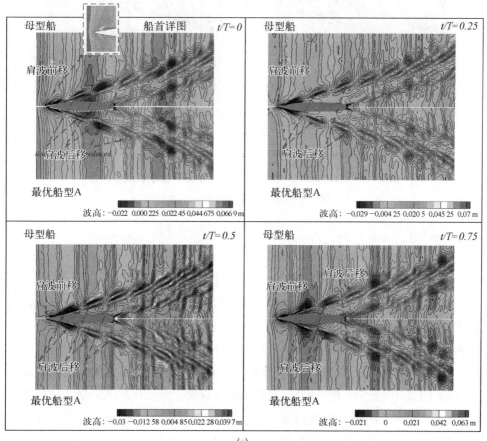

(a)

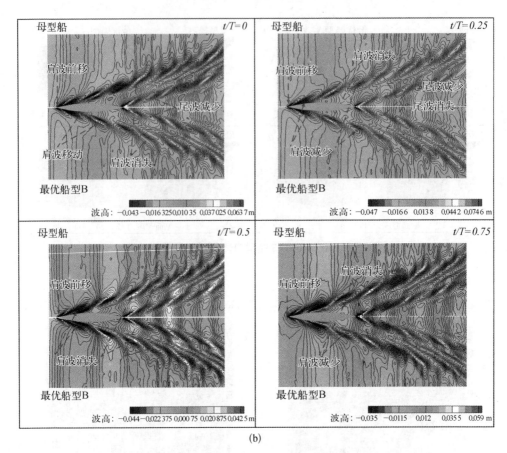

(b)

图 6 - 19　DTMB5415 船型和 Wigley 船型船体附近波形对比

(a) DTMB5415 船型；(b) Wigley 船型

6.3.2　基于近似技术的船型优化

1）基于 IPSO - BP 神经网络的球鼻艏优化

为了改善 PSO 算法的收敛性和计算精度，避免算法在优化过程中陷入局部最优解而停滞不前，提出一种采用 IPSO 算法Ⅰ来求解船型优化问题，采用 ASD 技术修改声呐罩几何形状。为了提高 BP 神经网络预测模型的预测精度，本书提出了一种基于 IPSO - BP 神经网络的船体阻力预测方法。采用最优拉丁超立方(Opt LHD)设计 BP 神经网络，利用 IPSO 算法优化 BP 神经网络的权值和阈值，训练 BP 神经网络求得预测解，建立基于 IPSO 算法的近似优化平台探索适合 DTMB5415 舰船的最佳球鼻艏型线。经过一系列优化计算，得到了阻力性能优良的球鼻艏型线。结果表明,该近似优化平台不仅具有较高的优化效率,同时具有较高的计算精度。

(1) 样本点选取。采用最优拉丁超立方设计方法在传统 CFD 优化系统中对 a_{11}、a_{12}、a_{21}、a_{22} 共 4 个设计变量进行 200 组方案设计。样本集合如表 6-8 所示,样本空间分布如图 6-20 所示。其中,总阻力系数 C_{tc} 采用 SIMPLE 法求解不可压缩 RANS 方程进行计算。

表6-8 样本集合(1)

No	a_{11}	a_{12}	a_{21}	a_{22}	C_{tc}
1	−0.020 1	−0.024 42	0.062 3	−0.047 9	0.004 348
2	−0.253 3	−0.038 09	0.057 3	−0.046 8	0.004 375
3	−0.106 5	−0.093 62	−0.114 8	0.088 4	0.004 355
4	−0.201	−0.025 28	−0.014 3	−0.021 4	0.004 343
5	−0.307 5	−0.083 37	−0.072 1	−0.111 5	0.004 454
6	−0.243 2	−0.015 03	−0.145	−0.019	0.004 397
7	−0.317 6	−0.080 8	−0.075 9	−0.032 9	0.004 363
8	−0.042 2	−0.003 92	−0.113 6	0.076 9	0.004 399
9	−0.068 3	−0.101 31	−0.068 3	−0.007 5	0.004 485
10	−0.203	−0.139 75	0.082 4	0.056 1	0.004 365
...	...	...	...	...	...
196	−0.291 5	−0.127 79	−0.057	−0.009 8	0.004 496
197	−0.343 7	−0.062 86	0.067 3	0.079 2	0.004 364
198	−0.327 6	−0.077 39	0.052 3	0.009 8	0.004 368
199	−0.285 4	−0.103 87	−0.004 3	0.033	0.004 362
200	−0.012 1	−0.087 64	0.061 1	0.035 3	0.004 521

(2) 预测方法验证。为验证 IPSO - BP 神经网络预测算法的有效性,以表 6-9 中的样本集数据对网络进行训练,构建了 BP 神经网络预测模型和 IPSO - BP 神经网络预测模型。图 6-21 给出了船体总阻力的预测结果。其中,ξ 为神经网络预测的总阻力系数与 CFD 计算的总阻力系数之差。

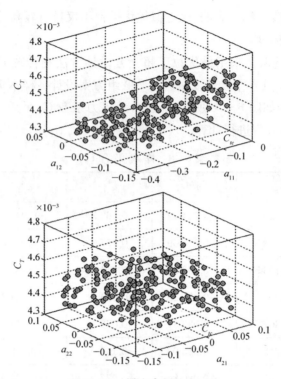

图 6 - 20　样本空间分布(1)

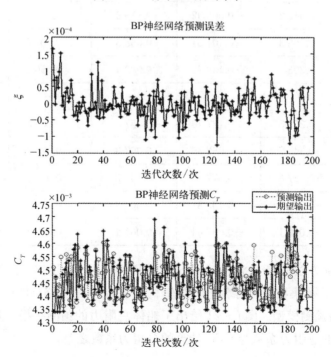

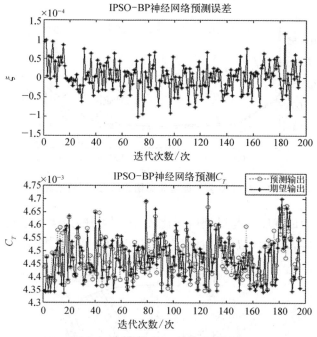

图 6 - 21 船体总阻力的预测结果

由图可知,两种预测算法都能很好地反映出阻力的变化趋势和规律,且 IPSO - BP 模型的预测精度高于 BP 模型,不会出现预测误差过大的跳跃,说明 IPSO - BP 模型对船体总阻力的预测是有效的。产生误差的主要原因是由于样本数量较少,通过增加训练样本数目,就能够有效地改善网络训练结果。

(3) 优化结果分析。经过一系列优化计算得到了静水中总阻力较小的优良船型,如表 6 - 9 所示。由表可知:船型 Optimal hull - A 总阻力减小了 5.22%;船型 Optimal hull - B 总阻力减小了 5.64%。采用 IPSO - BP 方法得到的最优船型减阻效果优于 CFD 方法得到的,且 IPSO - BP 方法计算所需的时间更短,效率更高。图 6 - 22 为最优船型与母型船总阻力系数 C_{tc} 随航速的变化情况。从图中可以看出,所有航速下总阻力均降低且设计航速及高航速时降阻效果较明显。

表 6 - 9 优化计算结果(2)

方 法	船 型	Fr	C_{tcorg}/C_{tcopt}	$\Delta_{org}/\Delta_{opt}$	时间/h
CFD+IPSO	最优船型 A	0.28	1.055 1	1.005 33	600
IPSO - BP+IPSO	最优船型 B	0.28	1.059 8	1.006 03	400.25

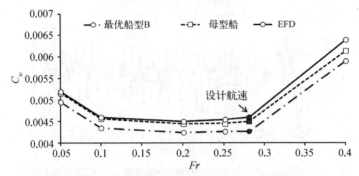

图 6-22　最优船型与母型船总阻力系数 C_{tc} 随航速的变化

图 6-23 为最优船型与母型船线比较,由图可知,最优船型与母型船线相似且线型光顺良好,除声呐罩外船体其他部分线型无变化。图 6-24 为最优船型

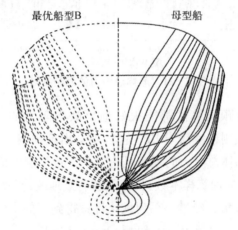

图 6-23　最优船型与母型船线比较

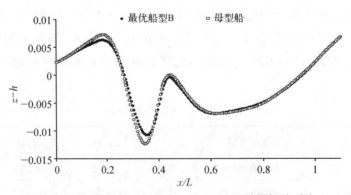

图 6-24　最优船型与母在 $y/L = 0.098$ 处纵切波对比

与母型船在 $y/L=0.098$ 处的纵切波对比。由图可知，最优船型的纵切波幅值明显低于母型船。图 6 - 25 为最优船型与母型船船体附近波形对比。图 6 - 26 为最优船型与母型船船体表面压力分布云图。

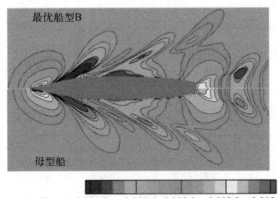

$z/h-1:$ −0.006 7　−0.001 6　0.003 3　0.008 3　0.013 3

图 6 - 25　最优船型与母型船船体附近波形对比

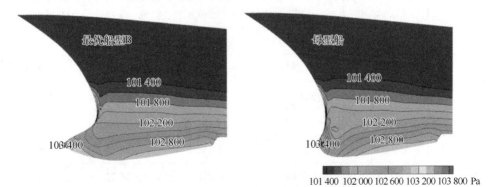

101 400　102 000　102 600　103 200　103 800 Pa

图 6 - 26　最优船型与母型船船体表面压力分布云图

2）基于 IPSO - Elman 神经网络和 IPSO 算法Ⅲ的船型优化

为了克服 PSO 算法在优化过程中容易陷入局部最优解的缺陷，提出一种改进的 IPSO 算法Ⅲ。通过对 4 个数学函数进行测试，得出了 IPSO 算法Ⅲ不仅具有较快的收敛速度，而且能够获得全局最优解。为了减小船体阻力性能、提高船型优化效率，采用 IPSO 算法Ⅲ建立全局优化数学模型探索适合 Wigley 船型的最佳艏部型线。为了获得光顺的艏部形状，采用 ASD 技术修改几何形状。为了提高 Elman 神经网络在预测数据上的准确性，采用 IPSO 算法Ⅲ优化 Elman 神经网络的权值和阈值，然后构建基于 IPSO - Elman 神经网络的阻力预测算法近似计算船体在静水中的总阻力,以提高基于 CFD 优化平台的计算效率,其中样本点采用最优拉丁超立方进行设计。经过一系列优化计算,得到了阻力性能优良的最佳船体型线。结果表明,该近似优化平台不仅具有较高的优化效率,同时具有较高的优化精度。

(1) 样本点选取。采用最优拉丁超立方设计方法在传统 CFD 优化系统中对共 4 个设计变量进行了 200 组方案设计。样本集合如表 6-10 所示,样本空间分布如图 6-27 所示。其中,总阻力系数 C_{tc} 采用 SIMPLE 法求解不可压缩 RANS 方程进行计算。

表 6-10　样本集合 (2)

No	b_{11}	b_{12}	b_{21}	b_{22}	C_{tc}
1	−0.036 9	−0.549 4	−0.061	−0.002 75	0.005 536
2	−0.379 1	−0.523 7	−0.674 7	0.041 78	0.005 206
3	−0.093 2	−0.735 7	−0.016 1	0.003 61	0.005 577
4	−0.306 8	−0.273 1	−0.292 4	0.039 76	0.005 369
5	−0.249	−0.086 7	−0.722 9	0.042 94	0.005 297
6	−0.008	−0.337 3	−0.122 1	0.036	0.005 426
7	−0.393 6	−0.350 2	−0.189 6	0.029 93	0.005 311
8	−0.104 4	−0.578 3	−0.154 2	0.012 87	0.005 502
9	−0.250 6	−0.138 2	−0.430 5	−0.009 69	0.005 402
10	−0.343 8	−0.045	−0.318 1	0.046 12	0.005 536
…	…	…	…	…	…
196	…	…	…	…	…
197	−0.355	−0.401 6	−0.745 4	0.022 12	0.005 211
198	−0.321 3	−0.025 7	−0.202 4	0.014 02	0.005 291
199	−0.114 1	−0.318 1	−0.600 8	0.059 13	0.005 358
200	−0.027 3	−0.498	−0.356 6	0.004 48	0.005 502

(2) 优化方法验证。采用传统 PSO 算法和 IPSO 算法 Ⅱ 对式 (6-1) ~ 式 (6-4) 进行了优化。表 6-11 列出了优化结果。从表中可以看出,IPSO

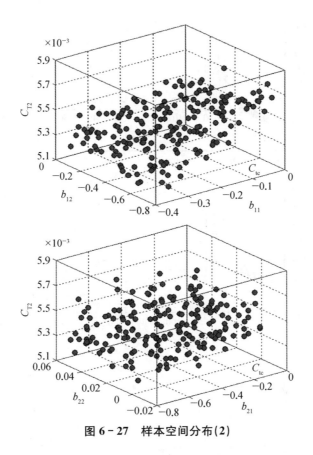

图 6 - 27 样本空间分布(2)

算法Ⅲ可以得到全局最优解,而传统 PSO 算法已经陷入了局部最优解。图 6 - 28 为优化迭代历程。从图中可以看出,改进的算法能够在初始状态找到较好的解,同时具有较快的收敛速度。虽然在算法中加入了变异操作,但是算法的收敛性表现良好,因此可以看出,IPSO 算法Ⅲ可以用于不同数学问题的优化设计。

表 6 - 11 优化计算结果(3)

函 数	D	最优解	PSO	IPSO 算法Ⅲ
$f_1(x)$	10	0	5.306 7	0
$f_2(x)$	10	0	0.009 716	0
$f_3(x)$	10	0	16.925 0	0
$f_4(x)$	10	0	1.027 7	0

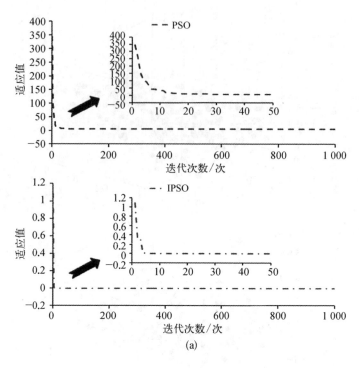

(a)

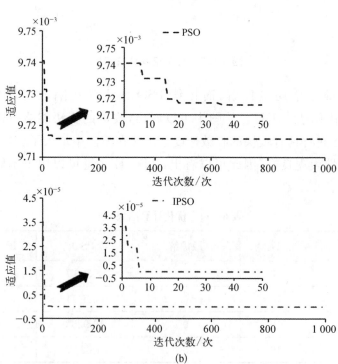

(b)

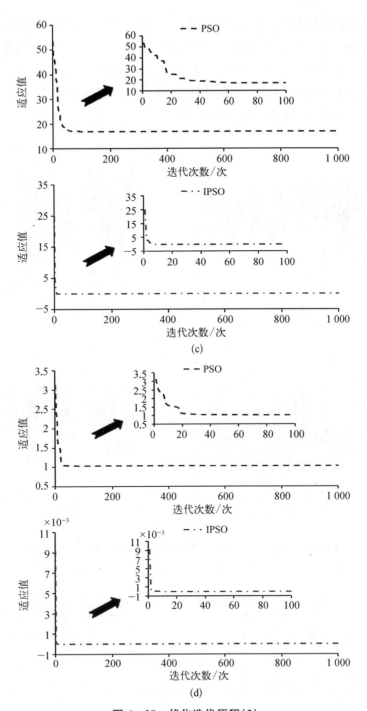

图 6 - 28　优化迭代历程(2)

(a) $f_1(x)$；(b) $f_2(x)$；(c) $f_3(x)$；(d) $f_4(x)$

（3）预测方法验证。为了验证 IPSO－Elman 神经网络在预测数据上的有效性，采用该算法与传统的 Elman 神经网络对表 6－10 中的 200 组数据进行验证，如图 6－29 所示。表 6－12 列出了预测 200 组数据的平均误差。从表中可以看出，IPSO－Elman 神经网络能够更好地拟合原始数据，其预测效果较传统的 Elman 神经网络更优秀，其平均误差为 $4.7 \times 10^{-5}\%$。

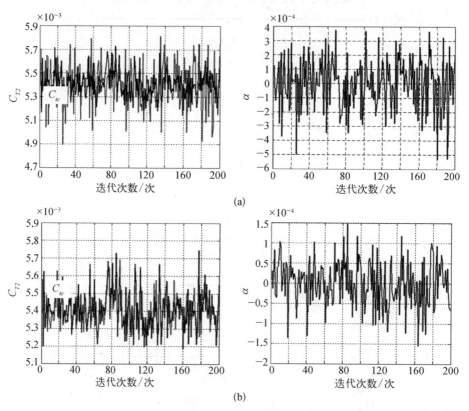

图 6－29　Elman 和 IPSO－Elman 神经网络总阻力预测结果

（a）Elman 神经网络预测总阻力系数；（b）IPSO－Elman 神经网络预测总阻力系数

表 6－12　Elman 和 IPSO－Elman 神经网络预测误差对比

训 练 算 法	平均误差/%
Elman 神经网络	1.41×10^{-4}
IPSO－Elman 神经网络	4.7×10^{-5}

（4）优化结果分析。由以上分析可知，IPSO 算法Ⅲ和 IPSO－Elman 神经网络的性能均优于传统的算法。因此，采用 IPSO 算法Ⅲ可对船型进行优化，采

用 IPSO - Elman 神经网络可对船体在静水中的总阻力进行预测。经过一系列优化计算得到了静水中总阻力较小的优良船型,如表 6 - 13 所示。由表可知,最优船型的总阻力减小了 54.68%。图 6 - 30 为最优船型与母型船 C_{tc} 随航速的变化关系。从图中可以看出,所有航速下总阻力均降低且设计航速时降阻效果较明显。

表 6 - 13　优化结果(IPSO - Elman＋IPSO)

方　　法	船　　型	Fr	C_{tcorg}/C_{tcopt}
IPSO - Elman＋IPSO	最优船型 B	0.3	1.054 68

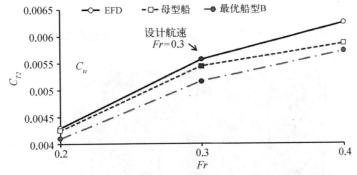

图 6 - 30　最优船型 B 与母型船 C_{tc} 随航速的变化关系

图 6 - 31 为最优船型 B 与母型船船体型线比较,由图可知,最优船型与母型船相似且线型光顺良好。图 6 - 32 为最优船型与母型船在 $y/L=0.082$ 处的纵切波对比,由图可知,最优船型的纵切波幅值明显低于母型船。图 6 - 33 为最优船型与母型船船体附近波形对比,由图可知,最优船型船体艏部附近的波系发生

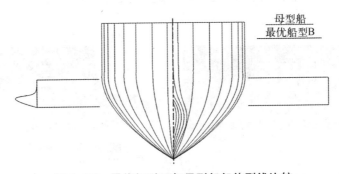

图 6 - 31　最优船型 B 与母型船船体型线比较

了变化,同时间波有消除现象,部分尾波消失,这些现象都表明了船体总阻力的减小。图 6-34 为最优船型 B 与母型船表面压力分布云图,由图可知,压力变化主要集中在船首附近,而船体其他部分压力变化不明显。

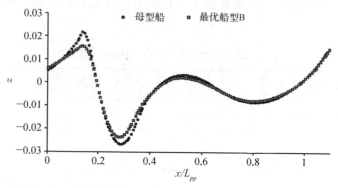

图 6-32　最优船型与母型船在 $y/L=0.082$ 处纵切波对比

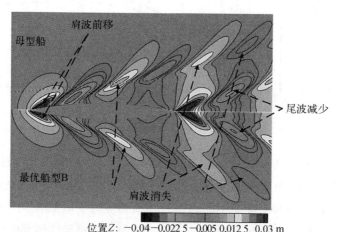

图 6-33　最优船型 B 与母型船自由液面波形对比

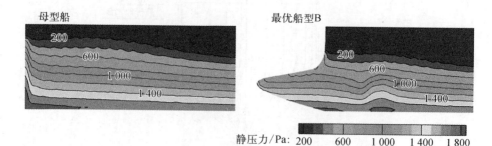

图 6-34　最优船型 B 与母型船船体表面压力分布云图

参 考 文 献

［1］Kim H J，Choi J E，Chun H H. Hull-form optimization using parametric modification functions and particle swarm optimization［J］. Journal of Marine Science and Technology，2016，21(1)：129－144.

［2］赵峰，李胜忠，杨磊.全局流场优化驱动的船舶水动力构型设计新方法［J］.水动力学研究与进展，2017，32(4)：395－407.

［3］Luo W L，Lan L Q. Design Optimization of the Lines of the Bulbous Bow of a Hull Based on Parametric Modeling and Computational Fluid Dynamics Calculation［J］. Mathematical and Computational Applications，2017，22(1)，43－54.

［4］Chen X，Diez M，Kandasamy M，et al. High-fidelity global optimization of shape design by dimensionality reduction，metamodels and deterministic particle swarm［J］. Engineering Optimization，2015，47(4)：473－494.

实际航行中节能设计优化研究

船舶浮于静水的平衡状态称为船舶浮态。船舶在海上航行时,共有4种浮态:正浮、横倾、纵倾、横倾加纵倾。船舶艏倾过大时,会使航速下降、船员操纵困难、艏部甲板上浪。船舶艉倾过大时,会使船舶操纵性能变差,易偏离航向,船体艉部底板容易遭受波浪拍击而导致损坏,而且不利于远望。船舶纵摇过大时,螺旋桨时而浸入水中,时而露出水面,使主机负荷不均,从而影响螺旋桨和主机的正常工作。因此,优良的船舶浮态对于船舶的安全航行至关重要。根据前人经验,为了提高船体快速性和适航性,船舶航行时通常要求有一定的艉倾。

船舶在水中直航时,当船舶纵倾发生变化时,其船体的水线长度、船体水下几何形状、浮心位置、船首进流段、船尾去流段等参数都发生明显变化,这些变化改变了船体表面受到的兴波阻力、摩擦阻力以及黏压阻力。因此,在排水量或航速一定的情况下,必定存在着一个最佳的纵倾角度。在该纵倾状态下航行,可以有效地减小船体受到的阻力、节省主机的燃油提高效率。临洪波认为,船舶最佳纵倾航行法一般可以节油4%~10%。面对日益严峻的船舶节能减排要求,船舶设计者通过船型优化的方法减小船体阻力,通过设计节能附体以达到减小航行阻力。当船型已经设计完成时,为了进一步减小油耗,提高燃油效率需要采用进一步优化措施。最优航行纵倾已经成为国际海事组织推荐的船舶节能减排技术手段之一。然而,大部分学者均采用优选的方法探讨了纵倾的变化对船体阻力的影响。因此,在一定载重量下为了寻找到船舶航行的最佳纵倾角度,本节以势流理论为基础,采用SHIPFLOW软件中的xpan模块计算船体在静水中的兴波阻力,并以船体纵倾角度为设计变量,采用传统PSO算法构建一个基于最佳纵倾的优化平台,以KCS船型作为研究对象进行研究与分析,具体优化流程如图7-1所示。

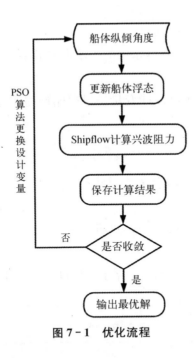

图 7-1　优化流程

7.1　纵倾优化

以 KCS 船型为例,构建基于最佳纵倾的船型优化平台。KCS 船型和主尺度如图 7-2、表 7-1 所示。

图 7-2　KCS 船型

表 7-1　KCS 船型主尺度汇总表

主　尺　度	值
缩尺比	1∶31.599
垂线间长 L_{pp}/m	7.278 6
船宽 B/m	1.019
吃水 T/m	0.341 8
方形系数 C_B	0.65
湿表面积 S/m^2	9.438

1）目标函数

设计航速时，KCS 船体在静水中的兴波阻力最小。

2）设计变量

船体纵倾角度作为优化设计变量。根据船型的实际情况，规定纵倾角度 θ 的变化范围为

$$0 \leqslant \theta \leqslant 1.5°$$

式中，θ 表示船体艉倾角度，0 代表平浮状态。

3）优化算法

优化算法采用传统的 PSO 算法进行优化。

4）算例

采用传统 PSO 算法进行优化，旨在寻找设计航速下船舶的最佳纵倾角度。PSO 算法参数如表 7-2 所示。

表 7-2　PSO 参数

参　　数	值
最大迭代次数	80
种群大小	4
学习因子 $c_1 = c_2$	2
惯性权重 ω	0.8
粒子群上限	1.5
粒子群下限	-1

为了准确计算船体在静水中的兴波阻力，在建立数学模型时，采用 Shipflow 软件中的 fine 网格对船体表面和自由液面进行网格划分，如图 7-3 和 7-4 所示。

图 7-3　船体表面网格划分

图 7-5 是在设计航速下的 KCS 船型优化迭代历程曲线。从图中可以看出，算法从第 15 步开始收敛，到 23 步之后结果趋于稳定。图 7-6 是纵倾优化过程中，兴波阻力系数随纵倾角变化关系曲线，由图可知，在算法趋于稳定时，KCS 船型的最佳艉倾是 0.96°，此时，KCS 船型的兴波阻力值最小。

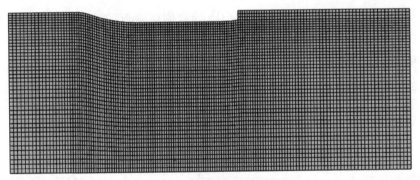

图 7 - 4 自由液面网格划分

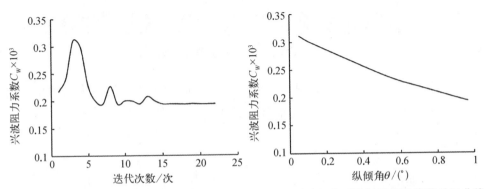

图 7 - 5 KCS 船型优化迭代历程曲线   图 7 - 6 兴波阻力系数随纵倾角变化关系曲线

图 7 - 7 为正浮状态和最佳纵倾状态下的自由液面附近的凯尔文波形。从图中可以看出,最佳纵倾位置的船型附近的波形图与正浮状态时的波形图有明

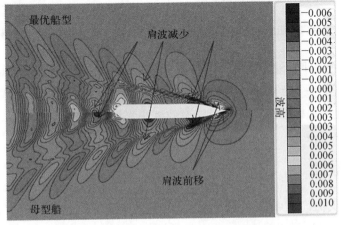

图 7 - 7 正浮状态和最佳纵倾状态下的自由液面附近的凯尔文波形

显的差别,且由于船体的姿态发生变化,导致船体附近的波形图发生明显变化,尤其在船首附近。这种变化可以有效地减小船体的兴波阻力。图7-8为正浮状态和最佳纵倾状态下的船体表面压力分布图,由图可知,KCS船型在最佳纵倾状态下航行时艏部的压力略有降低。

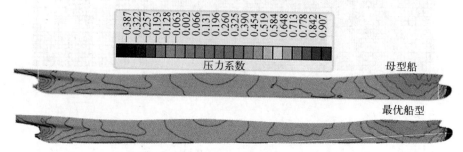

图7-8　正浮状态和最船体表面压力分布

采用PSO算法进行最佳纵倾优化,最后得到KCS船型的最优纵倾角是艉倾0.96°。此时,兴波阻力较母型船减小了39.671%,如图7-9所示。

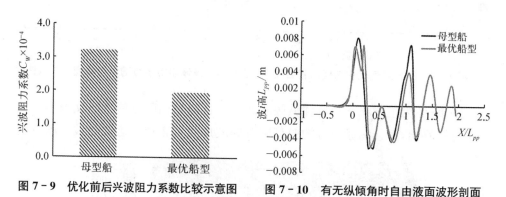

图7-9　优化前后兴波阻力系数比较示意图　　图7-10　有无纵倾角时自由液面波形剖面

图7-10是KCS船型在正浮和最佳纵倾航行时舷侧波形剖面图,由图可知,从船首开始一直到船尾区域,最佳纵倾船型的波高都是小于母型船的,说明当KCS集装箱船略带艉倾航行时能有效减小兴波阻力。

7.2　能效优化

船舶在大海航行中排出了大量的CO_2废气,污染了全球的环境(据权威部门测算航运界年排放CO_2为10亿t,占全球CO_2的排放量3%～4%),海洋环境保护委员会在其第59届会议(2009年7月13日至17日)上认识到,有必要制定新船能效设计指数(energy efficiercy design index, EEDI),从船舶设计阶段就开始激发影响船舶能效的所有因素的创新和技术开发。EEDI是衡量新船CO_2排放的一个指标。新船EEDI的原理是根据CO_2排放量和货运能力的比值,来表明船舶的能效,即根据船舶在设计最大载货状态下,以一定航速航行所需推进动力以及相关辅助功率所消耗的燃油计算出的CO_2排放量。同时,通过对现有各种船型和不同吨位的船舶进行统计分析设立排放基线,在基线的基础上对新造船能效进行控制。EEDI实施后,在第一阶段新造的各种不同吨位的船型其实际能效设计指数必须要小于规定的基线船舶能效设计指数。其计算公式如下:

$$EEDI = \frac{\text{碳转化系统} \times \text{油耗} \times \text{功率} \times \text{时间}}{\text{装载量} \times \text{航速} \times \text{时间}} = \frac{C_F \times SFC \times P}{Capacity \times V_s} \quad (7-1)$$

从上式可以看出,船舶的主机功率和辅机功率决定船舶的能效设计指数,此处的主机功率是指在无风无浪的条件下,取额定航速下75%的功率,辅机功率则是个近似值。本书将总功率P看作近似等于有效功率P_e,则能效指数$EEDI_a$为

$$EEDI_a = \frac{C_F \times SFC \times P_e}{Capacity \times V_s} \quad (7-2)$$

式中,C_F为碳转换系数;SFC为燃油消耗率[g/(kW·h)];P_e为有效功率;$Capacity$为载货量;V_s为航速。

7.2.1 降低EEDI值常用的方法

(1) 开发新能源或者使用清洁能源。比如液化天然气(liquefied natural gas, LNG)和液化石油气(liquefied petroleum gas, LPG),使用这两种能源能够明显减少船舶CO_2的排放量,急剧降低$EEDI$。比如,使用太阳能、生物能、风能以及核能,这些都能辅助船舶推进,从而减小船舶燃油的消耗,达到节能减排、减小$EEDI$的目的。

(2) 排放出来的尾气是含有大量热量的,可以进行回收利用,减少燃油消耗,从而减小$EEDI$。

(3) 增加船舶的载货量。从EEDI定义式中可以看出,$EEDI$随着载货量的增加而减小。现在的船舶越造越大便是出于这个原因。

(4) 减小船舶航速或者降低主机功率。功率和航速的三次方几乎成正比关

系;航速越高,功率越大。所以,合理地降低船舶的航速,不仅能减少燃油的消耗,降低燃油成本,还能减小 *EEDI*,保护环境。

7.2.2　KCS 集装箱船能效优化数学模型

1) 目标函数

设计航速时,KCS 船体在静水中的 EEDI 最小,即

$$\text{Min } EEDI \tag{7-3}$$

2) 设计变量

KCS 集装箱船母型船垂线间长 $L_{PP}=230$ m,航速 $V=24$ kn,考虑船舶的载货量和稳性,设计变量采用垂线间长 L_{PP},变化范围为 $220\sim240$ m;航速 V,变化范围为 $20\sim28$ kn。

3) 约束条件

以母型船原来的垂线间长 L_{PP0} 和设计航速 U_0 为基准,对最优船型的垂线间长和设计航速进行约束:

垂线间长:$0.957L_{PP0}<L_{PP}<1.043L_{PP0}$。

设计航速:$0.833U_0<U<1.167U_0$。

L_{PP0} 和 U_0 为母型船的垂线间长和设计航速,L_{PP} 和 U 为最优船型的垂线间长和设计航速。

4) 优化方法

优化算法采用 NSGA-Ⅱ算法进行优化。

5) 优化结果

根据式(7-2),其中 $P_e=R_{ts}\times V$ 可知,优化船舶能效设计指数其实和优化船舶阻力的本质是一样的,所以本节着重优化船舶的总阻力。船舶的总阻力=兴波阻力+黏压阻力+兴波阻力,采用 NSGA-Ⅱ优化算法获得最优船型时,其垂线间长 $L_{PP}=220.103\ 46$ m,航速 $V=23.282\ 277$ kn。船体优化前后的波形图对比如图 7-11 所示,上半部分为优化后船体形成的波形图,下半部分为优化前船体形成的波形图,因为是对垂线间长和航速的优化,横向并没有做改变,所以船体的型线方面并没有太大的改变。这里的没有太大改变指的是曲线部分,只是将长度方面缩小了,所以此处就不再展示船体优化前后艏艉型线变化图了。

从图 7-12 中可以看出,优化后的船体在靠近船首附近所受到的船体表面压力和船尾附近所受到的船体表面压力均要小于优化前的船体。优化船形的摩

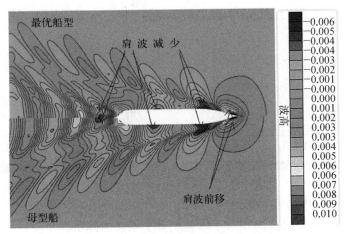

图 7 - 11　船体优化前后波形图对比

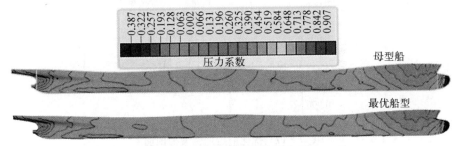

图 7 - 12　优化前后船体压力对比

擦阻力、兴波阻力、黏压阻力和总阻力都有了不同程度的降低。其中,总阻力比母型船减小了 6.082%,如图 7 - 13～图 7 - 16 所示。

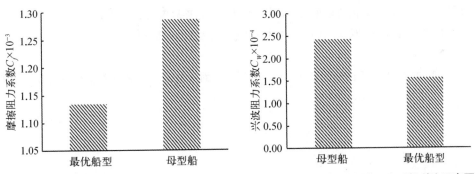

图 7 - 13　优化前后摩擦阻力系数对比示意图　　图 7 - 14　优化前后兴波阻力系数对比示意图

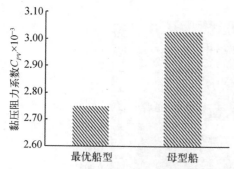 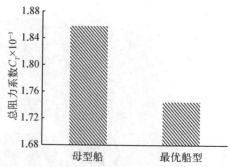

图 7-15　优化前后黏压阻力系数对比示意图　　图 7-16　优化前后总阻力系数对比示意图

　　KCS 船型优化前后舷侧波形剖面如图 7-17 所示。从图中可以看出，从船首到船尾，最优船型的波高相对于母型船有了明显的降低。

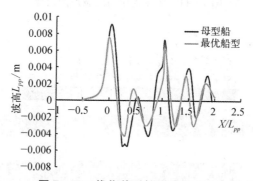

图 7-17　优化前后舷侧波形剖面

参 考 文 献

[1] 邱斌彬.船舶纵倾优化[J].中国船检,2014(2)：70-74.

[2] 张剑.基于纵倾优化的船舶能效研究[D].大连：大连海事大学,2015.

[3] 刘伊凡,张剑,张跃文.纵倾优化下的船舶能效数值模型[J].船舶工程,2015(12)：
    31-34.

[4] 陈曦,朱仁传,缪国平,等.基于 Rankine 源高阶面元法的船舶航行姿态与兴波阻力计算
    [J].中国造船,2015,56(3)：2-12.

索　引